解密华为成功基因丛书

华为的管理模式

王伟立◎著

实战版

海天出版社
·深圳·

图书在版编目（CIP）数据

　　华为的管理模式（实战版）/ 王伟立著. — 深圳：
海天出版社, 2017.2（2019.6重印）
　　（解密华为成功基因丛书）
　　ISBN 978-7-5507-1772-5

　　Ⅰ.①华… Ⅱ.①王… Ⅲ.①通信企业—企业管理—
经验—深圳 Ⅳ.①F632.765.3

　　中国版本图书馆CIP数据核字(2016)第230106号

华为的管理模式（实战版）
HUAWEI DE GUANLI MOSHI （SHIZHANBAN）

出 品 人　聂雄前
责任编辑　涂玉香　张绪华
责任技编　陈洁霞
封面设计　元明·设计
_____

出版发行　海天出版社
地　　址　深圳市彩田南路海天大厦（518033）
网　　址　www.htph.com.cn
订购电话　0755-83460239（邮购）0755-83460202（批发）
设计制作　蒙丹广告0755-82027867
印　　刷　深圳市希望印务有限公司
开　　本　787mm×1092mm　1/16
印　　张　13.75
字　　数　180千
版　　次　2017年2月第1版
印　　次　2019年6月第2次
定　　价　48.00元
_____

◆ 前言

有生命力的管理体系

《经济学人》称它是"欧美跨国公司的灾难";《时代》杂志称它是"所有电信产业巨头最危险的竞争对手";爱立信全球总裁卫翰思说:"它是我们最尊敬的敌人。"思科CEO钱伯斯在回答《华尔街日报》提问时曾经说过:"25年前,我就知道我们最强的对手一定来自中国。"

这些话,都是形容一家神秘的中国企业——华为。

为什么你需要了解华为?因为华为在短短26个年头里,创造了全球企业都未曾有的历史。

它走得最远!如果没有华为,西伯利亚的居民就收不到信号,非洲乞力马扎罗火山的登山客无法找人求救,就连到巴黎、伦敦、悉尼等地,你一下飞机接通的信号,背后都是华为的基站在提供服务。8000米以上喜马拉雅山的珠峰,零下40℃的北极、南极以及广袤的非洲大地,都见得到华为的足迹。

华为2015年财报:收入3950亿元人民币,超BAT(百度公司Baidu、阿里巴巴集团Alibaba、腾讯公司Tencent的缩写。——编者注)互联网三巨头总营收。

即使如此,任正非还是将华为看成是一棵小草。他这样说道:"华为还是棵小草,在把自己脱胎换骨成小树苗的过程中,还需要向西方学习各种管理方面的东西。"

华为向前的每一步,都与它不断完善的管理模式有关。在复杂多变的市场形势下,一个不断变革的管理制度,是企业做大做强的引擎。

经过10多年努力,华为的管理方式已经从定性走向定量,从"语文"走向"数学",实现了基于数据、事实和理性分析的实时管理。

在近20年的时间里,华为花费了300亿美元引进西方管理思想和管理技术,但任正非并不认为华为已经领悟了200多年来西方工业革命的真谛。他说：我们为什么始终重视管理？因为企业留给我们的财富就是管理！如果没有管理，这个企业能留给我们什么？就是一大堆债务。我们在管理上花了非常多的钱，这个管理谁都带不走。

外界认为我们公司出去的干部个体并不怎么有特色，其实他们是依赖了我们公司一个大平台在奋斗。以前他在大公司搞得那么好，如果在小公司干不好，就是他已经离开了这个大平台，没有了这个条件。

任正非认为，华为之所以能够在国际市场取得今天的成绩，就是因为华为十几年来真正认认真真、恭恭敬敬地向西方企业学习管理，真正走上了西方企业走过的路。

华为将西方企业的技术、管理理念视为自身发展的指路明灯。华为多年来一直向先进的西方企业学习，尊重这些高科技产业的领路人。

华为坚持回归科学管理，学习"蓝血十杰"。华为的竞争对手就是华为自己，喧嚣时代更要管理回归。华为表彰"蓝血十杰"（美国《商业周刊》资深作家约翰·伯恩著作《蓝血十杰》中提到的10位精英人物，包括查尔斯·桑顿、罗伯特·麦克纳玛拉、法兰西斯·利斯、乔治·摩尔、艾荷华·蓝迪、班·米尔斯、阿杰·米勒、詹姆斯·莱特、查尔斯·包士华和威伯·安德森，被称为"蓝血十杰"。他们信仰数字、崇拜效率，成为美国现代企业管理教父。——编者注），就是表明，要在互联网时代坚持把已经开始的几大管理变革体系进行到底，把革命进行到底以及坚持把科学管理进行到底。

任正非希望华为能回到一些最本质的问题上来，重新思考管理对于企业的重要作用。企业管理的目标是流程化组织建设，探索建设科学的流程制度体系，以规则的确定应对结果的不确定。任正非曾这样说过：面对不确定的未来，我们在管理上不是要超越，而是要补课，补上科学管理这一课。

华为的目标，是建立一个严格、有序、简单的管理体系，从而支撑公司成为ICT（是信息Information、通信Communications和技术Technology 3个英文单词的首字母组合，是信息技术与通信技术相融合而形成的一个新的概念和新的技术领域。——编者注）行业真正的全球性领导者。

作为一家民营企业，华为在艰难的环境中实现野蛮生长，有诸多值得学习的地方。向华为学什么、怎么学，这本书给出了很好的答案。本书出版的根本目的在于，通过对华为管理和实践的研究，探索如何建立有效的管理机制和制度。

目录

第7章　业务流程变革：集成供应链管理（ISC）

第8章　IFS 变革

第 1 章

华为管理三阶段

第一阶段（1988 ~ 1995 年）：草创阶段

第二阶段（1995 ~ 1998 年）：基本法阶段

第三阶段（1998 年至现在）：管理西化阶段

华为成立于 1988 年，从事通信行业，赶上了天时：通信产业正处于开始替代 PC 产业、成为全球经济新的龙头产业的阶段。赶上了地利：当时中国通信市场正处于高速发展时期。不过，当时占据中国市场的大多是国际巨头如朗讯、爱立信、西门子等，实力都异常强大。那么，华为的创始人任正非，是如何领导这么一个无人知道的小民营企业，打败这些国际巨头，占领中国市场的呢？在华为的成长历史中，任正非用了哪些主要的管理方法来管理华为？这些管理方法有哪些好处？又遇到了哪些问题？我们先从华为管理三阶段说起。

第一阶段（1988 ～ 1995 年）：草创阶段

在这个阶段，任正非带领华为以弱胜强，打败了跨国企业，占领了中国市场，让华为发展为一个中型企业（销售额 14 亿元，员工800 多人）。这一阶段充分体现了任正非对中国国情的熟悉以及他在中国传统文化上的过人的悟性。

例如，华为遵循"普遍客户"原则，与客户（电信局）成立合资公司（1997年）；华为提倡"人海战术"，华为员工能把电信局上上下下领导的儿女上大学、爱人去深圳看海、家里换煤气罐等所有家务事都包了。这是典型的只有在中国文化环境下才可能发生的事。

在这一阶段，任正非管理华为的主要模式是所谓"三高"：高效率、高压力、高工资。其中，高工资是推动高效率、高压力的核心动力（见图1.1）。

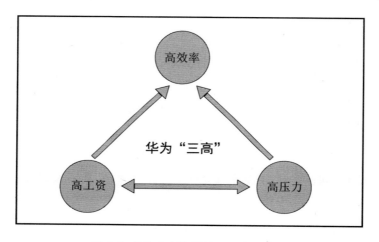

图 1.1 华为草创阶段的"三高"特征

狼文化一直存在于华为早期创业阶段，只是没有被提炼出来。在华为内部，任正非对狼文化第一次，也是唯一一次系统阐述，是在20世纪90年代初期，他与美国某著名咨询公司女高管的一次会谈。

"那天，整个会谈过程，他们都在谈动物。任总说跨国公司是大象，华为是老鼠。华为打不过大象，但要有狼的精神，要有敏锐的嗅觉、强烈的竞争意识、团队合作和牺牲精神。"《华为公司基本法》的起草者之一吴春波回忆道。

这种管理模式带来的后果是华为的人员开支成本、管理成本一直居高不下。更危险的是，一旦市场环境恶化，例如通信产业发展减速，或者华为的扩张速度减速或停滞（这一天是必然到来的，因为全世界没有任何一家企业可以永远地扩张），华为将无法支撑依靠高工资凝聚员工的模式，从而导致效率低下，管理问题丛生。

第二阶段（1995 ～ 1998 年）：基本法阶段

随着华为的扩张，人员规模的扩大，华为面临的组织管理问题越来越多，也越来越复杂，光靠狼文化这样简单的概念已经无法解决华为面临的问题，更不能带领华为继续扩大。比如，华为的快速扩张，导致成熟的管理干部稀缺。原来，办事处人手少，办事处主任从机器组装、销售、检测到维护，什么都要干，扮演的是一个工程师的角色。现在，人员扩张很快，办事处主任必须领导大批手下人做事，扮演的是一个领导者的角色。狼文化仅仅提出一个群体奋斗的意识，显然不能告诉办事处主任如何才能带好这支狼队伍，也就是如何才能当好一匹头狼。再比如，华为扩大后，上下级之间的冲突、部门之间的冲突、员工之间的冲突越来越多。如何协调二者之间的矛盾，如何统一他们的认识，拿现在的流行术语来说，就是如何在华为建立起自己的企业文化，包括愿景、使命、价值观等，显然成了"狼文化"解决不了的问题。

以上原因导致了《华为公司基本法》的出台。《华为公司基本法》

是中国人民大学几位教授以西方的企业管理理论为框架，根据任正非的想法，用统一的语言集中做的一次梳理，在传承原有企业文化的基础上对行为准则具体化，是中国第一个完整系统地对其价值观做总结的企业。

《华为公司基本法》曾经一度风靡全国，很多企业家都争相学习。其实，《华为公司基本法》的作用被媒体渲染夸大了，连任正非都承认《华为公司基本法》没起到很大的作用。

"但从制定《华为公司基本法》的过程中，华为学到的甚至比《华为公司基本法》本身更多，因为它实际上是一个任正非与华为中高层充分沟通并达成共识的过程。而这个共识确保了它的现实性和可执行性。"《华为公司基本法》起草者之一彭剑锋如是评价。

《华为公司基本法》的意义在于，将高层的思维真正转化为大家能够看得见、摸得着的东西，使彼此之间能够达成共识。这是一个权力智慧化的过程。

1998年3月，任正非在其题为《要从必然王国，走向自由王国》的演讲中道出了他起草《华为公司基本法》的核心目的：

华为经历了10年的发展，有什么东西可以继续保留？有什么东西必须扬弃？我们又能从业界吸收什么？如何批判地继承传统？又如何在创新的同时，承前启后，继往开来？如何继承与发展，是我们第二次创业的主要问题。

华为走过的10年是曲折崎岖的10年，教训多于经验，在失败中探寻到前进的微光，不屈不挠地、艰难困苦地走过了第一次创业的历史阶段（见图 1.2）。这些宝贵的失败教训与不可以完全放大的经验，都是第二次创业的宝贵的精神食粮。当我们第二次创业，走向规模化经营时，面对的是国际强手，他们又有许多十分宝贵的经营思想与理论，可以供我们参考。如何将我们 10 年宝贵而痛苦的积累与探索，在吸收业界最佳的思想与方法后，再提升一步，成为指导我们前进的理论，以避免陷入经验主义，这是我们制定《华为公司基本法》的基本立场。两年来，几千员工与各界朋友做了许多努力，在人大（中国人民大学，简称"人大"）专家的帮助下，《华为公司基本法》八易其稿，最终在 1998 年 3 月 23 日获得通过，并开始实行。当然，在实行中，它还会不断地被优化，以引导华为正确地发展。

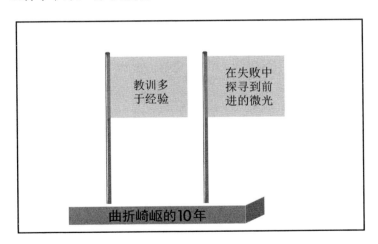

图 1.2 华为一次创业阶段曲折崎岖的 10 年

第三阶段（1998年至现在）：管理西化阶段

从1995年开始筹备《华为公司基本法》到成稿经历了3年，而这3年，华为经历了从1995年的800多人到1998年近20000人的高速发展过程。

《华为公司基本法》的出台，对中国企业界产生了不小的影响。很多国内企业对《华为公司基本法》特别推崇，一些人希望能在自己的公司里制定出一套类似的"法律"，以此来建设自己的企业文化。

在外界对《华为公司基本法》的赞扬之声不绝于耳时，任正非却已经清醒地意识到它的不足之处（见图1.3）。这个认知，其实与华为1996年开始的全球化征程有关。

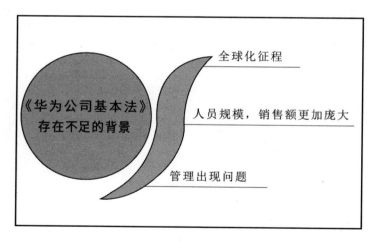

图1.3《华为公司基本法》存在不足的背景

全球化征程

1994年11月，华为的万门交换机在首届中国国际电信设备展

览会上获得极大成功。而此时，任正非的全球视野更加开阔，国际
化的战略目标更加清晰和条理化。 1995 年是华为公司发展史上具有
战略转折意义的一年，这一年也是华为国际化道路上的一个分水岭。

1995 年 12 月，任正非做了一个演讲，系统地勾勒了华为未来国
际化的宏伟蓝图，并指出了国际化对于公司发展的迫切性。任正非
用了一个在业界享誉很久的比喻，那就是："山羊为了不被狮子吃掉，
必须跑得比狮子快；狮子为了不饿肚子，必须比山羊跑得快。"他指
出："我们只有坚定不移地向国际著名公司看齐，努力实现全面接轨，
否则随时都有破产的危险。"

任正非提出，华为在"未来 3 ～ 5 年的主要任务是与国际接轨。
在 20 世纪末，我们要达到一个国际中型公司的规模和水平"。"华为
要在产品战略研究系统上、市场营销上、生产工艺装备及管理上，
乃至在整个公司的企业文化及经营管理上，全面与国际接轨"。

任正非常说："亚洲企业的国际化本来就难，我国在封闭几十年
后，短短 20 年的发展，还不足以支撑国际化。""在西方国家为主导
的当代世界，在巨头耸立的电信业界，我们要看到华为国际化的高
难度，但如果不能克服这些困难，华为也可能是昙花一现。"①

1997 年年底，任正非先后访问了美国休斯公司、IBM 公司、贝
尔实验室和惠普公司。在与国际一流跨国公司接触的过程中，任正
非意识到，《华为公司基本法》那种独特的语言模式，并不能跟全球
化的大公司形成很好的对话。

由此，任正非意识到《华为公司基本法》没法在流程中体现的、

① 吴俊 . 华为管理模式优劣剖析［OL］. 网易，2008 http://rujiaguanli.blog.sohu.
com/106136476.html

没做出评价和进行奖励的价值尺度，注定是短命的和软弱的。其起草者之一吴春波教授后来说了这样一句话："当时'基本法'的局限性很明显。关于企业的核心价值观、流程和客户方面的问题提得都很少。"而另一位起草者彭剑锋则表示："《华为公司基本法》对华为成长和发展的实际效果，可能远没有它给华为创造的品牌效应和对中国其他企业带来的启迪价值大。"

人员规模，销售额更加庞大

与此同时，华为的人员规模和销售额更加巨大。一方面，正如任正非所意识到的，"由于华为短暂的成功，员工暂时的待遇比较高，就滋生了许多明哲保身的干部。他们事事请示，僵化教条地执行领导的讲话，生怕丢了自己的乌纱帽。"另一方面，华为开始大规模进军海外市场，试图成为一家国际化公司，所以任正非急于找到能够帮助华为提升管理能力、培养管理人才的办法。

管理出现问题

虽然以国内标准衡量，华为是相当成功的公司，但因为管理系统的薄弱，华为的管理水平与国际同行的差距还相当大。华为每年把销售收入的 10% 投入研发，但研发的效益仅仅是 IBM 的 1/6；在供应链方面，华为订单及时交货率只有 50%，而国际领先公司为94%；库存周转率 3.6 次 / 年，但国际领先公司为 9.4 次 / 年；订单履行周期长达 20 ~ 25 天，国际领先公司为 10 天；从人均销售额看，华为的 100 万元人民币与国际领先公司的 50 万美元相比，同样相差悬殊。

　　在寻求中国的管理咨询顾问帮助失效后，任正非把目光投向了海外。

　　1996 年，华为把目光指向国际公司管理体系。不久，一家具有美国背景的管理咨询公司——合益集团（Hay Group）任职资格评价体系第一个进驻华为。1998 年，中国第一部公司管理基本法，《华为公司基本法》定稿问世。同年，华为成为国家劳动和社会保障部两个与英国合作的"任职资格标准体系"试点企业之一。

　　在创业阶段，华为避开了与跨国公司的正面竞争，在后者不愿顾及的"农村市场"中站稳了脚跟。但是，与世界一流公司相比，华为的管理水平和员工的职业化素养都存在着明显的差距，"农民 + 手工作坊"的创业发展模式，已经成了制约企业持续发展的最大障碍。

　　1998 年，恰好是华为成立的第 10 个年头。华为的交换机、接入网、智能网、光网络等产品的开发和市场应用都已经取得重大的突破，公司的销售额达到了 89 亿元，已经到了必须在国内外主流市场与国际一流电信设备制造商一争高下之时。此时，任正非提出了"管理与国际接轨"的口号，启动了业务流程的变革。

　　1997 年年底，任正非访问了美国休斯公司、IBM 公司、贝尔实验室和惠普公司。其间，在对 IBM 的产品开发模式、供应链管理模型等做了比较全面的了解后，他决定向 IBM 学习。另外，任正非朝思暮想的是"长治久安"，IBM 80 多年历史中积累的经验与教训，特别是 20 世纪 90 年代"死而复生"的经历，是非常值得华为这样一家年轻企业学习和借鉴的。

1998 年，华为与 IBM 公司合作启动了"IT S&P"（IT Strategy & Project，IT 策略与规划）项目。华为希望"穿上 IBM 的鞋"，迅速走上国际化管理的道路。

回顾华为对管理体系全面西化和提升的过程，是从研发、供应链等后端业务流程入手，逐渐加入人力资源管理等辅助单元，伴随着企业成长和外部市场环境变化，最终在组织结构与涉及市场营销前端业务的流程上进行国际接轨。这种独特的与国际接轨的管理方式主要是因为公司本身的发展阶段和中国特殊的市场环境，导致华为很难全盘照搬西方的管理模式。毕竟华为的管理和组织结构还处在一个巨大的变动期，华为能不能很好地解决了"事关生死"的后端管理问题之后，再决定发展速度和在前端取得突破，没有人知道答案。

华为曾经聘请 IBM 的专家给自己的各个部门做管理评分 (TPM)。以满分 5 分计，华为 2003 年的平均分只有 1.8 分，2004 年上半年才达到 2.3 分，而 2004 年的目标是 2.7 分。按照 IBM 的意见，一家真正管理高效规范的跨国公司，其 TPM 分值应达到 3.5 分。另外，根据 IBM 专家的评测，华为人均工作效率只有国际一流公司的 1/2.5。华为常务副总裁徐直军直言不讳地指出："我们还不是一家真正的跨国公司，更谈不上世界级企业。我们在各方面都与他们相差很远，尤其是在管理上。"[①]

至 2014 年，华为 IPD（Integrated Product Development，集成产品开发）变革开展了 15 年，TPM 近几年却一直徘徊在 3.3 分而无法

---

① 邹永忠. 华为出海之后 [J]. 企业管理，2005

提升。

即使如此，华为用了 25 年时间，在西方顾问的帮助下，建立起了包括选、用、留、育、管在内的，完整的人力资源管理体系。在推动华为成为全球领先公司的过程中，人力资源管理功不可没。通过持续渐进的管理变革，华为建立了一个"以客户为中心、以生存为底线"的管理体系，研发、销售、供应、交付和财经等各个领域内部的能力和运营效率有了很大提升。

同时，华为人也清醒地看到，华为各大流程之间的接合部依然是今天管理变革面对的硬骨头。管理变革出现了"流程功能化、变革部门化"的突出问题，使效率的进一步提升受到制约。

华为轮值 CEO 郭平表示："华为已经确定下一步管理变革的目标是提升一线组织的作战能力，多打粮食。华为围绕这一目标开展跨功能、跨流程的集成变革。业务流程建设的本质是为客户创造价值，因此必须是端到端的。通过下一步的管理变革，华为要真正实现从客户中来、到客户中去，持续提高为客户创造价值的能力，并确保公司管理体系能像眼镜蛇的骨骼一样环环相扣、灵活运转、支撑有力。"

2014 年，任正非表示：

　　从 1998 年起，公司邀请 IBM 等多家世界著名公司做顾问，先后开展了 IT S&P、IPD、ISC（Integrated Supply Chain，集成供应链）、IFS（Integrated Financial System，集成财务系统）和 CRM（Customer Relationship Management，客户关系管理）

等管理变革项目，先僵化，再固化，后优化。僵化是让流程先跑起来，固化是在跑的过程中理解和学习流程，优化则是在理解的基础上持续完善。我们要防止在没有对流程深刻理解时的"优化"。经过十几年的持续努力，取得了显著的成效，基本上建立起了一个集中统一的管理平台和较完整的流程体系，支撑了公司进入 ICT 领域的领先行列。

第 2 章

制度化管理

淡化英雄色彩

走向自由王国

在讨论人力资源管理对企业的重要作用时,《华为公司基本法》的起草人之一包政教授曾经问任正非,人才是不是华为的核心竞争力? 任正非回答说不是。他认为对人的能力进行管理的能力才是企业的核心竞争力。由此,在基本法第一章核心价值观的第二条将关于员工的价值确定为:"认真负责和管理有效的员工是华为最大的财富。"以此来阐明华为不鼓励个人英雄,而是注重员工在组织中发挥作用的能力。

制度是指人与人之间关系的某种契约形式,规范化的管理制度能提供一种约束信息,通过规范行为来降低各种交易费用。企业的制度结构决定着组织形式,从而决定着组织的绩效高低,在新的经济环境下,走向职业化管理已是一种管理态势。职业化的管理就是解决企业内部问题要靠法治而非人治,就是企业依照程序和规则运作,而非靠兴趣和感情维持。

淡化英雄色彩

美国前通用电气公司总裁杰克·韦尔奇说:"我的成功,10% 是靠我个人旺盛无比的进取心，而 90% 是依仗着我的那支强有力的团队。"于 1977 年才成立的苹果电脑公司，能发展成为可以与 IBM 具有同等竞争力的电脑公司，其秘诀也在于有一个精诚合作的团队。

面对强大的竞争对手 IBM 公司，当年 28 岁的董事长斯蒂夫·乔布斯并没有打算让路。因为在他麾下，有一帮充满着青春活力、有着亲密无间合作关系的伙伴们为他撑腰。在这群年轻人中间，乔布斯充当着教练、班子的领导和冠军栽培人的多重角色，是一个完美的典型。他是一个既狂热又明察秋毫的天才，他的工作就是专门出各种新点子，对传统观念提出挑战。而团队中的年轻人是他的各种构想的实践者，他们精诚团结，相信乔布斯的眼光，都希望在从事的工作中做出伟大的成绩。

由于工业社会的快速发展，国外在管理方面，一直强调的都是团队和协作的力量。而在我国改革开放初期，整个国家都是在通过一种策略来推广某种精神，那就是将某人树立为典型，然后广加传播，例如赖宁和雷锋。华为同样如此，在创业初期，其做法也是为了树立"英雄"。

在军人出身的任正非的人生字典里，"英雄"无疑是意义非同一般的概念。华为能从无数的诱惑、坎坷、教训中走过来，能从漫长的"冬天"里挺过来，应该要归功于任正非及其带领下的以"群狼"自诩的华为人，他们拥有一种英雄式的悲壮的牺牲精神。

任正非曾经这样说过：让有成就欲望者成为英雄，让有社会责任者（指员工对组织目标有强烈的责任心和使命感）成为领袖。基层不能没有英雄，没有英雄就没有动力。

1997 年，任正非在市场前线汇报会上作的题为《什么是企业里的英雄》讲话中说道：

　　什么是英雄？人们常常把文艺作品、影视作品中的人物作参照物，因此在生活中没有找到英雄，自己也没有找到榜样。其实英雄很普通，强渡大渡河的英雄到达陕北后还在喂马。因此，在新中国成立初期，曾有"团级马夫"的称谓。毛泽东在诗词中说过"遍地英雄下夕烟"，他们是农民革命军，那些手上还有牛粪，投入风起云涌的革命中的农民。

在这篇讲话中，任正非明确地提出他对"华为的英雄"的理解，具体内容如下：

　　什么是华为的英雄？是谁推动了华为的前进？不是一两个企业家创造了历史，而是 70% 以上的优秀员工，互动着推动了华为的前进，他们就是真正的英雄。如果我们用完美的观点去寻找英雄，是唯心主义。英雄就在我们的身边，天天和我们相处，他身上总有一点值得你学习。我们每一个人的身上都有英雄的行为。当我们任劳任怨、尽心尽责地完成本职工作，我们就是英雄；当我们思想上艰苦奋斗，不断地否定过去；当我们不怕困难，愈挫愈勇，你就是你心中真正的英雄。我们要将这些良好的品德坚持下去，改正错误，摒弃旧习，做一个无名英雄。

同年，任正非在公司研究试验系统先进事迹汇报大会上作了《呼唤英雄》的讲话，他讲道：

当代青年如何爱自己的祖国，如何报效生我养我的黄土地，与157年前一样，需要热血、勇气与牺牲的精神。从现在起，以后的15年是我国历史性的关键时期，中国将走向繁荣富强。今天二三十岁的青年人，到时将是四五十岁，正成熟，将带领又一代人担负起历史兴亡的责任。献身于祖国的事业，也同时使自身得到解放。

历史呼唤英雄，当代中国更迫切地呼唤英雄的群体，华为青年应该成为这样的英雄。谁能说今天的土博士，不会是明日的世界英才。我国只有在教育、文化、科技方面领先，才能走出让人欺辱的低谷。有志的中华儿女，应该献身于祖国的事业……

在多次的动员会上，在任正非讲话中"英雄""豪杰"等词汇频繁出现。这一个时期，华为各阶层员工团结成一支狼虎之师，所到之处所向披靡。如果说，任正非把华为当成一支部队，一支英雄之师进行攻城略地也不为过。

可以看出，任正非的"英雄主义"并不是个人的"英雄主义"，他强调的是集体的"英雄主义"（见图2.1）。

公司的总目标是由数千数万个分目标组成的，任何一个目标的实现都是英雄的英雄行为所为。我们不要把英雄神秘

化、局限化、个体化。无数的英雄及英雄行为就组成了我们
这个强大的群体。我们要搞活我们的内部动力机制，核动力、
油动力、电动力、煤动力、沼气动力……它需要的英雄是广
泛的。由这些英雄带动，使每个细胞直到整个机体产生强大
的生命力；由这些英雄行为促进的新陈代谢，推动我们的事
业向前进。

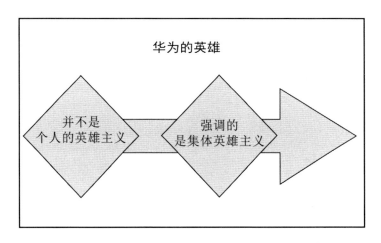

图 2.1 华为的集体英雄主义

因此，华为公司不会只有一名英雄，每个项目组也不会
只有一个人成功。每一次小的改进，小组都开一个庆祝会，
使每个人都享受到成功的喜悦。你也可以邀请更多人参加，
让更多人知道。当你乐滋滋时，你就是你心目中最崇拜的英雄。
不要因为公司没有发榜，英雄就不存在。公司的管理总是跟
不上你的进步，不因它的滞后而否定了你。即使发榜也只会
选择少数代表，不能因为没有被列入，你就不是英雄。是金

子总会发光的，特别是在湍急的河流中。高速发展的华为公司给你提供了更多的机会。你可以在团结合作、群体奋斗的基础上，努力学习别人的优点，改进自己的不足，提高自己的合作能力与技术、业务水平，发挥自己的管理与领导才干，走向英雄之路，做一个从没得到过授勋的伟大英雄。

他是这样说的："新老干部要团结合作，只有携手共进，才能优势互补。英雄是一种集体行为，是一种集体精神，要人人争做英雄。"

任正非希望华为内部要多出英雄，多出集体英雄。同时，他强调，华为不能做昙花一现的英雄，不做所谓的"聪明人"。

1998 年，任正非在他的一篇《不做昙花一现的英雄》的文章中指出：

面对 10 年卧薪尝胆、艰苦奋斗所取得的成功，面对国内外可能将有越来越多的善意的宣传，我们是否会沾沾自喜，在我们队伍中是否会滋生一些不良的浅薄的习气？华为人的自豪是否会挂在脸上？凭什么自豪？华为人能否持续自豪？我们前进的道路是越来越宽广，还是越来越困难？木秀于林，风必摧之。我们越发展，竞争对手实力越强，竞争就越困难。我们要在思想上有长期艰苦奋斗的准备。持续不断地与困难奋斗之后，会是一场迅猛的发展。这种迅猛的发展，会不会使我们的管理断裂？会不会使志得意满的华为人手忙脚乱，不能冷静系统地处理重大问题，从而导致公司的灭亡？事实上，摆在我们面前的任务和使命，比以前我们重技术、重销售的时代更加重大而艰巨；要全面地建设和管理我们的事业的艰难度要远远大于以前的艰难度。这就要求我们干部要更快地成熟起来。

任正非希望在胜利面前能保持清醒的认识，不要做昙花一现的英雄：

> 我希望大家不要做昙花一现的英雄。华为公司确实取得了一些成就，但当我们想躲在这个成就上睡一觉时，英雄之花就凋谢了。凋谢的花能否再开是个问题。在信息产业中，一旦落后，那就很难追上了。

然而，从 1998 年作了《不做昙花一现的英雄》和《狭路相逢勇者胜》讲话之后，任正非的文章和讲话很少再出现"英雄"字样。任正非希望华为的发展壮大不再依靠一两个"超人"式的英雄，而是要依靠一个职业化的团队。这个团队即便有一两个人离开，也不会妨碍它向前迈进的步伐。

20 世纪 90 年代中期，是华为"英雄辈出"的年代。那时候，除了任正非，至少还有两位才俊在华为跌宕起伏的传奇与故事中被一再提及——郑宝用与李一男，一位追随任正非创业至今、情如兄弟；一位深得任正非激赏并与其形同父子。郑李二人留给公众的形象符合华为早期创业与发展阶段的"品位"——技术标兵。

少年天才李一男在华为的发展史上曾发挥过不可忽视的作用。他的少年得志的传奇经历，至今仍令人艳羡不已。2000年，李一男在"内部创业"的运动中离开了华为，自立门户创立了北京港湾网络有限公司，与任正非的关系从师生转为对手。2003年，港湾遭遇残酷竞争，业绩出现滑坡；2005年，港湾上市融资之路受阻，与西门子的并购方案破裂；2006年，李一男带着他的港湾回归华为，出任华为EMT（经营管理团队）之外的"华为副总裁兼首席电信科学家"之位；2008年10月6日，李一男加盟百度任首席技术官（CTO）；2010年1月，李一男离开百度加盟中国移动。一个人，十几年的人生起伏，在行业中掀起无数的猜测、感慨，恐怕也是因为这个主角是李一男，是出自华为的李一男。

后来有媒体这样评价："任正非和李一男都是英雄，英雄应该是惜英雄的。港湾没有卖给别人，而是卖给了华为。我相信冥冥之中，任正非和李一男的心在靠近！"

应该说李一男和郑宝用这些华为早期的功臣，都是华为企业史上不可忽略的"英雄""开国元勋"。在2000年之前，任正非曾在多次讲话中，以郑李为模范，号召销售战线、研发部门等向他们学习，希望公司能培养出更多的李一男和郑宝用。

在经历了李一男出走事件后，华为又经历了倚重为左右手的郑宝用的卧病不起。虽然经过救治没有了生命危险，但郑宝用已经不能再像从前那样拼命地投入工作。这一事件进一步促使任正非深入思考建立起"不依赖于人的制度"的必要性。

此后,华为加大了对企业管理职业化进程的推进,全面引进国际管理体系。2004 年,华为成立了 EMT,由董事长、总裁及 6 位分管不同领域的副总裁组成。华为 EMT 构成群体决策的民主机构,推行轮值主席制,由不同的副总裁轮流执政,组成每月定期商讨公司战略决策的内部议会制。至此,个人英雄的时代彻底宣布落幕。

任正非在《致新员工书》中写道:

> 华为的企业文化是建立在国家优良传统文化基础上的企业文化。这个企业文化黏合全体员工,激发其团结合作,走群体奋斗的道路。有了这个平台,你的聪明才智方能很好地发挥,并有所成就。没有责任心,不善于合作,不能群体奋斗的人,等于丧失了在华为进步的机会。

华为非常厌恶个人英雄主义,主张团队作战,"胜则举杯相庆,败则拼死相救"。但华为内部实施区别管理,要求中低层管理者继续争当英雄,以获得晋升的机会,成长为高级管理者。对基层干部的要求是呕心沥血,身体力行,事必躬亲,坚决执行,有效监控,诚信服从。而对希望有个人成就感的高层干部,只能当英雄,而不能当领袖,不能赋予权力(见图 2.2)。

任正非表示,不要英雄只是针对高层管理干部。

> 我没有说基层不要英雄,炸碉堡还是需要英雄的。基层

干部不能无为而治。不当英雄，你也无法通向中高级管理者，谁会选拔你呢？对基层干部，我们的原则是呕心沥血，身体力行，事必躬亲，坚决执行，严格管理，有效监控，诚信服从。与高级干部标准反过来，形成一个对立统一的悖论。

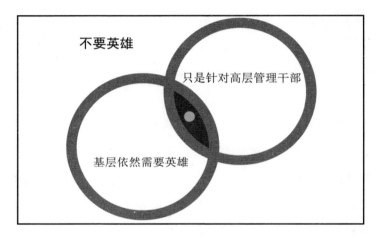

图 2.2 华为对基层和高层的不同要求

2000 年，任正非在刊号为 101 期的《华为人》上发表了一篇名为《无为而治》的文章，其中有一段话是这样说的：

华为曾经是一个"英雄"创造历史的小公司，正逐渐演变为一个职业化管理的具有一定规模的公司。淡化英雄色彩，特别是淡化领导人、创业者的色彩，是实现职业化的必然之路。只有职业化、流程化才能提高一个大公司的运作效率，降低管理内耗。第二次创业的一大特点就是职业化管理，职业化管理就使英雄难以在高层生成。公司将在两三年后，初步实现 IT 管理，端对端的流程化管理，每个职业管理者都在一段流程上规范化地运作。这就如一列火车从广州开到北京，有数百人搬了道岔，有数十个司机接力，我们就不能说最后一个驾车到了北京的就是英雄。即使需要一个人去接受鲜花，他也仅是一个代表，并不是真正的英雄。

我们需要组织创新。组织创新的最大特点在于不是一个个人的英雄行为，而是要经过组织试验、评议、审查之后的规范化创新。任何一个希望自己在流程中贡献最大、青史留名的人，一定会形成黄河的壶口瀑布，长江的三峡，成为流程的阻力。

一条职业化、制度化的"堤坝"，远远比堤坝里奔腾着什么样的水更重要。 华为修坝的觉醒，起源于《华为公司基本法》起草之前，1995 年引入西方的一套工资改革体系。华为创业者彼时只是敏感地意识到：高速发展的知识竞争时代，科技人员的激励是企业发展的根本动力。然而，直到《华为公司基本法》成稿，华为开始把这套萌芽的"管理思维"扩张为从文化、价值观到经营策略的完整科学体系。

走向自由王国

管理大师德鲁克说："一个始终贯穿的主题是，各个企业中的决策者，必须勇敢地面对现实，必须抵制'人人都知道'的常规以及昨天确定性的诱惑，因为这些将变成对明天有害的迷信。"企业是有惯性的，就像一列在铁轨上飞奔的火车，启动、加速、转弯和刹车都不容易。企业的成功，一定是抓住了市场机会，或在某方面发挥了企业的特长，就像我们每个人发挥自己的特长，取得专业上的成功一样。而这种特长的发挥，依赖于组织体系、组织结构、人力资源体系、管理制度、专业技术特长等的支撑。刚开始，这些特长不是很明显，随着企业的发展，就像火车加速一样，不断地修炼，不断地完善，这些特长就成为企业的核心能力。这个核心能力帮助企业取得了今天的成功，还将帮助企业取得明天的成功吗？我们可以躺在功劳簿上，吃个几十年吗？答案是否定的。任正非要求企业不断地变革，从必然王国走向自由王国。

在 1998 年，任正非抛出了一篇非常重要的文章《要从必然王国走向自由王国》。他在这篇文章中写道：

> 毛泽东同志说过："人类的历史，就是一个不断地从必然王国走向自由王国发展的历史。这个历史永远不会完结……人类总得不断地总结经验，有所发现，有所发明，有所创造，有所前进。"人们只有走进了自由王国才能释放出巨大的潜能，极大地提高企业的效率。但当步入自由王国时，你又在新的领域进入了必然王国。如此这般，不断地周而复始，人类从一个文明又迈入了一个更新的文明。

"必然王国"与"自由王国"的提法，都曾在马克思和毛泽东的著作中出现，也是他们的重要思想之一。"必然王国"是指人们对自然力量和社会力量无能为力的状态。由于对自然规律的无知而受其束缚。同时，由于对社会规律一无所知以及私有制的狭隘性，人们又受社会力量的束缚。而"自由王国"指的是人们摆脱了必然性的奴役，成为自然界从而也成为自己社会关系的主人的一种状态。"自由"是对"必然"的认识与支配。当人们能够正确认识客观的社会和自然的必然性并能支配它，使其服务于人类自觉的目的时，也就从"必然王国"进入了"自由王国"。

由于从"必然王国"走向"自由王国"是一个无限的过程，这也就意味着，华为要成为一个伟大的公司，一个世界一流的企业，就必须踏上一条不断从"必然王国"走向"自由王国"的改进、循环之路。

1998 年，华为进入了大规模扩张期。在这一年，华为的销售额比 1995 年增长了 6 倍，达到了 89 亿元。更为重要的是，华为已经基本实现了"农村包围城市、最终夺取城市"的战略目标，其核心产品已经进入了国内所有发达省份和主要城市。在传统的交换机市场，华为已经超过西门子和朗讯等国际企业，与上海贝尔一起成为最大的两家供应商，市场份额达到了 22%。

在辉煌的成绩面前，华为总裁任正非率领的华为人并没有得意忘形，而是思考在公司进入第二次创业时，如何正确处理公司面对的各种新问题和矛盾，为公司的可持续发展探索有效的动力机制。

任正非对"必然王国"与"自由王国"的理解，更多是从如何实现华为的可持续发展的角度来理解的。他在文章中这样写道：

什么叫"自由"？火车从北京到广州沿着轨道走，而不翻车，这就是"自由"。"自由"是相对于"必然"而言的，"自由"是对客观的认识。人为地制定一些规则，进行引导、制约，使之运行合理就是"自由"。孔子说他人生的最高境界是"从心所欲而不逾矩"，这就是"自由"。"必然"是对客观规律还没有完全认识，还不能驾驭和控制这些规律，主观还受到客观的支配。例如：粮食现在还不能很大的丰产，水灾和地震还不断给人类造成危害，我们的交换机软件如何发展与稳定……

因此，任正非要求华为管理人员必须做到：各级管理者、各个部门都必须不断地检讨昨天，规划明天，紧紧围绕目标，不断优化自己的工作。任正非表示：

任何一个人在新事物面前都是无知的。要从必然王国走向自由王国，唯有学习、学习、再学习；实践、实践、再实践。

在《要从必然王国走向自由王国》中，任正非主要阐述了两个问题：一是华为的第二次创业；二是《华为公司基本法》。事实上，这两个问题是同一个事件的两个方面，或者可以说，华为的第二次创业是以《华为公司基本法》为开端的。

在《华为的红旗到底能打多久》的文章中，任正非指出：

我们要逐步摆脱对技术的依赖，对人才的依赖，对资金的依赖，使企业从必然王国走向自由王国（见图2.3），建立起比较合理的管理机制。当我们还依赖于技术、人才和资金时，我们的思想是受束缚的，我们的价值评价与价值分配体系还存在某种程度的扭曲。摆脱三个依赖，走向自由王国的关键是管理。我们起草基本法，就是要管理构建起一个平台和一个框架，使技术、人才和资金发挥出最大的潜能。

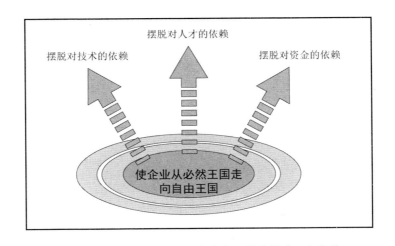

图 2.3　企业从必然王国走向自由王国要摆脱三大依赖

任正非在上海电话信息技术和业务管理研讨会上说道：

工程化设计方法使软件的开发设计摆脱了对人才的依赖，不管谁离开公司，都不会影响公司的正常运作，为产品提供了安全性。因为我们没有对人才的依赖，便没有对人才的造就。

每个人都必须开放自己，吸收他人的经验，形成一个和谐的奋斗集体，使集体智慧在产品设计、中试、生产过程中得到最佳的发挥，产品才会越做越精良。

至于为什么要持续管理变革，2005 年 4 月 28 日，在中共广东省委中心组举行"广东学习论坛"第 16 期报告会上，任正非对此做了说明：

要达到质量好、服务好、运作成本低，优先满足客户需求的目标，就必须进行持续的管理变革；持续管理变革的目标就是实现高效的流程化运作，确保端到端的优质交付。只有持续管理变革，才能真正构筑端到端的流程，才能真正职业化、国际化，才能达到业界最佳运作水平，才能实现运作成本低。

端到端流程是指从客户需求端出发，到满足客户需求端，提供端到端服务。端到端的输入端是市场，输出端也是市场。这个端到端必须非常快捷，非常有效，中间没有水库，没有三峡，流程很顺畅。如果达到这么快速的服务，降低了人工成本，降低了财务成本，降低了管理成本，也就是降低了运作成本。其实，端到端的改革就是进行内部最简单的最科学的管理体系的改革，形成一支最精简的队伍。

华为公司是一个包括研发、销售和核心制造在内的高技术企业。这些领域的组织结构，只能依靠客户需求的拉动，实行全流程贯通,提供端到端的服务。即从客户端再到客户端。因此，高效的流程必须有组织支撑，必须建立流程化的组织。建立流程化的组织，企业就可以提高单位生产效率，减掉了多余的组织，减少了中间层。如果减掉一级组织或一批人，我们的成本就会下降得很快。规范化的格式与标准化的过程，是提高速度与减少人力的基础。同时，使每一位管理者的管理范围与内容更加扩大。信息越来越方便、准确、快捷，管理的层次就越来越少，维持这些层级管理的人员就会越来越少，成本就下降了。

我们持续进行管理变革，就是要建立一系列以客户为中心、以生存为底线的管理体系，就是在摆脱企业对个人的依赖，使要做的事，从输入到输出，直接地端到端，简洁并控制有效地连通，尽可能地减少层级，使成本最低，效率最高。

在很早时，任正非就提出并掀起了"二次创业"的运动。最具影响力的一次是在《华为公司基本法》开始拟定的前夕，他所发起的"市场部领导集体辞职"运动。这次运动的目的是为了响应公司组织改革的要求。响应任正非的要求，华为二十几位办事处主任集体辞职，有 6 名地方办事处主任被置换下来，市场体系高达 30% 的人下岗。这是《华为公司基本法》出台前规模最大的一次人事制度改革。

1996 年年底，在拟定《华为公司基本法》的同时，华为引入美国合益集团香港分公司建立任职资格评价体系。

以这些运动为序幕，此后，华为开展了一系列的管理改革行动，开始了从"必然王国"向"自由王国"的探索之旅。

第 3 章

对"华为特色"
管理的自我否定

只向一个顾问学习

目的：摆脱企业对个人的依赖

变革的阻力：触及灵魂的痛苦

先僵化，后优化，再固化

管理是世界级企业永恒的主题，也是永恒的难题。这个难题，在第二次创业中，华为更加不可避免。世界上最难的改革是革自己的命，因为触及自己的灵魂是最痛苦的。

只向一个顾问学习

1997 年年底，任正非到美国参观考察。在此期间，他访问了美国休斯公司、IBM 公司、贝尔实验室和惠普公司。在这 4 家企业中，任正非从 IBM 身上受到的震撼和启发最大。

1993 年，51 岁的郭士纳临危受命接管 IBM。当时，IBM 累计亏损高达 160 亿美元。美国许多媒体称："IBM 一只脚已经迈进了坟墓。"经过几年艰苦卓绝的改革，IBM 终于起死回生，郭士纳创造了一个奇迹。1998 年年初，任正非在其文章《我们向美国人民学习什么》中写道：

IBM 作为巨无霸一直处在优越的产业地位。由于个人电脑及网络技术的发展，严重地冲击了它赖以生存的大型机市场。20 世纪 80 年代初期，IBM 处在盈利的顶峰，其股票市值超过西德股票之和，也成为世界上有史以来盈利最大的公司。经过13年后，它发现自己危机重重，才痛下决心，实行改革。1992年，它开始大裁员，从41万人裁到现在的26万人，付出了80亿美元的行政改革费用。长期处于胜利状态所造成的冗员和官僚主义，使之困难重重。聪明人十分多，主意十分多，产品线又多又长，集中不了投资优势。另外，它以年度作计划，反应速度不快。管理的混乱，几乎令IBM解体。

1993年年初，当郭士纳以首位非IBM内部晋升的人士出任IBM总裁时，提出了4项主张：第一，保持技术领先；第二，以客户的价值观为导向，按对象组建营销部门，针对不同行业提供全套解决方案；第三，强化服务、追求客户满意度；第四，集中精力在网络类电子商务产品上，发挥IBM的规模优势。

历时5年，IBM裁减了15万职工（其中因裁员方法的不当，也裁走了不少优秀的人才），销售额增长了100亿，达750亿美元，股票市值增长了4倍。

参观IBM给任正非留下的最深刻的印象就是，像IBM这样的大企业虽然管理制度规范但是同时也不失灵活。而这正是面对已经进入高速发展阶段、公司规模扩张速度开始超越自身把握能力的任正非最希望寻求的答案。为了世界级企业的梦想，为了华为更快地发展，他决定向IBM学习，进行改革。

从美国回来之后，任正非以大篇幅讲述了访问IBM的经历和由此而来的体会：

我们在 IBM 整整听了一天管理介绍，对它的管理模型十分欣赏，对项目从预研到寿命终结的投资评审、综合管理、结构性项目开发、决策模型、筛选管道、异步开发、部门交叉职能分组、经理角色、资源流程管理、评分模型……从早上一直听到傍晚。我身体不好，但不觉累，听得津津有味。后来我发现朗讯也是这么管理的，都源自美国哈佛大学等著名大学的一些管理著述。

听了一天的管理介绍，我们对 IBM 这样的大公司，管理制度的规范、灵活、响应速度不慢有了新的认识；对这样一个庞然大物的有效管理有了了解；对我们的成长少走弯路，有了新的启发。华为的官僚化虽还不重，但是苗头已经不少。企业缩小规模就会失去竞争力；扩大规模，不能有效管理，又面临死亡。管理是内部因素，是可以努力的。企业规模小，面对的都是外部因素，是客观规律，是难以以人的意志为转移的，必然抗不住风暴。因此，我们只有加强管理与服务，在这条不归路上，才有生存的基础。这就是华为要走规模化、搞活内部动力机制、加强管理与服务的战略出发点。

在扩张的过程中，管理不善也是非常严重的问题。任正非一直想了解世界大公司是如何管理的，而 IBM 给了任正非等人真诚的介绍。回华为后，任正非又在高层进行了两天的传达与研讨，用 100 多页简报激起新的改革火花。

对于很多中国企业来说，IBM 是学习的榜样。对于任正非来说，学习 IBM 似乎是走向规范化、职业化和国际化管理的必由之路。

《我们向美国人民学习什么》一文，任正非为华为定下了义无反顾师从 IBM 管理的变革目标。在这场此后被任正非定义为"革自己的命"的管理转型之路中，任正非运用其强大的个人感召力和影响力，力排众议，定下了"削足适履"以及"先僵化，再优化，再固化"的目标进程，从 IBM 引进代表美国先进流程和管理模式的集成产品开发（IPD）及集成供应链管理（ISC）体系，以建立一种与世界对话的"语言"。

从 IBM 的经历当中，任正非显然已经看到华为未来所需要面对的挑战和必然的前进路径。1998 年 8 月，华为与 IBM 公司合作启动了"IT S&P"项目 (见图 3.1)，开始规划华为未来 3 ~ 5 年需要开展的业务变革和 IT 项目，其中包括 IPD、ISC、IT 系统重整，财务四统一等 8 个项目，IPD 和 ISC 是其中的重点。

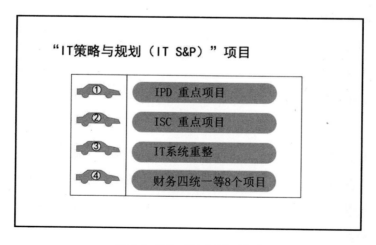

图 3.1 华为"IT S&P"项目

在学习 IBM 的管理经验时，任正非特别强调：

> 世界上还有非常多好的管理，但是我们不能什么都学。那样的话，结果只能变成一个白痴。因为这个往这边管，那个往那边管，综合起来就抵消为零。所以，我们只向一个顾问学习，只学习 IBM。
>
> 要学明白 IBM 是怎样做的，学习人家的先进经验，多听取顾问的意见。

基于对先进管理经验的渴求以及对知识的尊重，个人生活一向节俭的任正非对于有助于促进公司管理进步的变革从来都不吝于投入重金。

对于 IBM 这样一位世界级的老师，任正非更不吝重金。

> IBM 在我们公司推进管理变革时，每小时付给他们专家的费用是 300～680 美元,70 位专家就住在我们楼上办公 7 年，你算算我们付了多少钱啊。但是今天我们知道，付出的几十个亿推动了我们管理的进步，这是值得的。
>
> 沃尔玛的老板就是在买东西时，给人付更多的钱，因为他同时向别人学习管理。所以，沃尔玛现在发展为世界上第二强企业。我们也是在向 IBM 买管理，买经验。

任正非对于 IBM 这位老师的信任和认同感也几乎是无以复加的。

他甚至对员工说：

> IBM专家都很敬业、很积极。他们对我们提供了巨大的帮助，我们是应该感谢的。华为公司如果以后站起来，更不要忘了这一段历史。

2008年2月，在任正非领导下的华为给为自己做了10年管理咨询的IBM咨询师们送行。由于长期密切的并肩作战，在送别现场，华为一位副总失声痛哭。尽管对IBM来说，这只是一个商业咨询项目，但对华为而言，却意味着脱胎换骨。

目的：摆脱企业对个人的依赖

在创立10年后，华为迎来了业务发展迅速、公司规模飞速扩张的黄金时期。但是，和中国许多民营企业一样，华为也遇到了人员管理上的棘手问题。华为业务人员和研发人员的业务能力都不错，但是管理能力明显缺乏，每年的干部提拔都没有标准，华为领导层对很多拟提拔的干部根本就不熟悉，很难以自己的感觉和经验来做任命决策。所以，华为迫切需要建立任职资格体系，来解决人才需求问题。

任正非花那么大的价钱来学习西方企业的管理模式，实是出于无奈。他在《不做昙花一现的英雄》中写道：

中国 5000 年来就没有产生过像美国 IBM、朗讯、惠普、微软等这样的大企业。因此，中国的管理体系和管理规则及适应这种管理的人才的心理素质和技术素质，都不足以支撑中国产生一个大产业。我们只有靠自己进步，否则一点希望都没有了。这种"摸着石头过河"的艰难与痛苦可想而知。

任正非清楚地知道，华为公司的人均效益只有西方公司的 1/3。那么，如何提高华为的管理能力和竞争能力呢？既然中国没有这样的管理方法，那只有向西方学习了。

任正非一直希望了解世界大公司是如何管理的。从 1992 年开始，他先后到美国、欧洲、日本等国家，走访了法国阿尔卡特、德国西门子等行业领先跨国公司。任正非是一位善于观察和学习的管理者，这些海外访问，给了他很多触动。

任正非对于职业化的思考还源于这样一个棘手问题：1997 年，任正非访问美国时发现，与华为差不多规模的美国公司的产值都在 50 亿 ~ 60 亿美元，是华为的 3 ~ 5 倍。任正非认为，华为发展不快有内部原因，也有外部原因。内部原因是不会管理，而外部原因是社会上难以招到既有良好素质，又有国际大型高科技企业管理经验的空降部队（见图 3.2）。任正非在其文章《我们向美国人民学习什么》中写道：

这次，我们也考察了一些小公司，与华为几乎是同时起步的，年产值已达 20 亿～ 30 亿美元。与华为差不多规模的美国公司产值都在 50 亿～ 60 亿美元以上，是华为的 3 ～ 5 倍。
华为发展不快的原因有内部原因，也有外部原因。

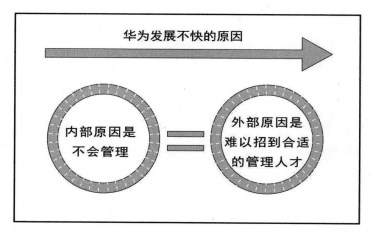

图 3.2　华为发展不快的原因

内部原因是不会管理。华为没有一个人曾经在大型的高
科技公司干过，从开发到市场，从生产到财务，全都是外行，
像初涉世事的学生一边摸索一边前进，在磕磕碰碰中走过来
的。企业高层管理者大量的精力用于员工培训，而非决策研究。

外部原因是社会上难以招到既有良好素质，又有国际大
型高科技企业管理经验的空降部队。即使能招到，只有一两
人也不行，得有一个团体。但目前中国公司的实力还养不起
一个团体。

再者，中国的技术人员重功能开发，轻技术服务，导致
维护专家的成长缓慢，严重制约了人才的均衡成长。外国公
司一般都十分重视服务。没有良好的服务队伍，就是能销售

也不敢大销售。没有好的服务网络就会垮下来。我们与外国大公司交谈时，他们都陈述自己有一个多么大的服务网络。相比之下，华为发展并不快，资源利用上也不充分，还有潜力可以挖掘。

在 1997 年圣诞节前后，访问了美国休斯公司、IBM、贝尔实验室和惠普等 4 家公司后，任正非在深思熟虑并权衡之后，对华为提出一系列改造计划。在这一年，华为与国际著名管理顾问公司合作，改革人力资源管理，准备用几年的时间建立起以职位体系为基础，以绩效体系与薪酬体系为核心的现代人力资源管理制度，以期建立一个可以推动华为更快速发展的员工群体。

事实上，早在 1997 年，华为全面启动引进世界级管理变革之前，华为的管理思维已经开始萌芽生长。1996 ~ 1998 年，华为引入中国人民大学 6 位教授，耗时 3 年，易稿 8 次，出台了第一部企业管理大纲《华为公司基本法》，对华为文化与价值观以及未来战略做出第一次系统的思考，建立初级的价值评估与分配体系（薪酬制度），并从日本引入"合理化建议制度"等。此 3 年可以视为华为管理变革的前奏。1997 年至今，华为开始全面引进国际管理体系，包括"职位与薪酬体系"以及任职资格管理体系，从 IBM 引进的 IPD 等。

耗费如此代价进行业务流程变革，华为为什么？华为前人力资源副总裁吴建国在其文章中这样分析道："过去 20 年间，中国企业与国际对手竞争主要依靠两种比较优势：一是人力资源的成本优势；二是基于中国市场特点的营销能力。但是，这些都是由企业外部环境所构成的外在优势。随着时间的推移，在全球化的竞争环境中，这些优势正在迅速消失。中国企业一贯采取的粗放管理模式，在企业做大之后，就会产生规模而不经济的通病。

"华为在与IBM合作之前，已经开始出现'增产不增收'的效益递减现象。任正非逐渐认识到，只有对整个经营过程进行优化，在规模扩张的同时做到精益求精，不断提高人均效益，才能逐步缩小与国际企业在核心能力上的差距，实现企业的可持续发展。

"创业阶段，华为避开了与跨国公司的正面竞争，在它们不愿顾及的'农村市场'中站稳了脚跟。但是，与世界一流公司相比，华为的管理水平和员工的职业化素养都存在明显的差距，'农民 + 手工作坊'的创业发展模式，已经成了制约企业持续发展的最大障碍。"

有人不理解IPD、ISC有什么用，这是认识问题。这个东西有什么用？为什么我要认真推IPD、ISC？这就是在摆脱企业对个人的依赖，使要做的事，从输入到输出，直接端到端，简洁并有效地连通，尽可能地减少层级，使成本最低，效率最高，就这么简单。要把可以规范化的管理都变成扳铁路道岔，使岗位操作标准化、制度化。就像一条龙一样，不管如何舞动，其身躯内部所有关节的相互关系都不会改变。龙头就如Marketing（市场），不断地追寻客户需求；身体随龙头不断摆动，因为身体内部所有的相互关系都不变化，使得管理简单、成本低。

任正非在与IBM顾问的谈话中指出，华为正在做的一切工作都是在稀释文化和情感的影响。华为搞 IPD、ISC、财务 IT 这些规范运作，实际上已经让内部的情感结构发生了很大变化。在这个过程中，华为文化情结已经有所松动了。同时，任正非在对外合作组织结构会议上指出：

> 我们现在的凝聚力太高了，凝得太紧了，不激活。能量不耗散就不做功，所以我们要改善管理。IPD、ISC、财务 IT、对外合作建设等一系列工作，都是在形成耗散结构，有耗散结构才能产生能量。3～5 年后，如果我们能真正建立起开放、管理有效的对外合作体系，再加上内部建设能够跟上来，我们就一定能够提升整体核心竞争力。

任正非认为，要寻求更大的发展，华为就必须进行管理变革，使其管理体系与国际化接轨。实行职业化管理是成为世界一流企业的必要条件。

职业化管理指的是解决企业内部问题要靠"法治"而非"人治"。在初创时，由于主要的管理控制权掌握在企业的拥有者或关键技术掌握者手里，因此，这时的企业往往以"人治"为主，就是以少数领导者的意志为企业管理的主导意志的管理模式；而随着企业的不断发展，领导者已经不能对企业各个方面实施有效管理，需要企业根据自己的业务状况制定和执行科学的管理制度和业务流程，形成一种决策科学化、流程标准化、考核系统化的管理模式，即"法治"。提高职业化水平其实就是从"人治"向"法治"转变的过程。

任正非表示：

职业化、规范化、表格化、模板化的管理还十分欠缺。华为是一群从青纱帐里出来的土八路，还习惯于埋个地雷，端个炮楼的工作方法，还不习惯于职业化、表格化、模板化、规范化的管理。重复劳动，重叠的管理还十分多，这就是效率不高的根源。我看过香港秘书的工作，有条不紊，一会就把事情做完了。而我们还要摸摸索索，做完了还不知合格否，又开一个小会审查。你看看这就是高成本。要迅速实现 IT 管理，我们的干部素质，还必须极大地提高。

任正非彼时也曾忧虑地说：

我们的游击作风还没有褪尽，而国际化的管理风格尚未形成，员工的职业化水平还很低，我们还不具备在国际市场上驰骋的能力。我们的帆船一驶出大洋，就发现了问题。

于是，1997 年开始，华为与国际著名的顾问公司合作，大力改革人力资源管理制度，逐步建立起了以职位体系为基础、以绩效与薪酬体系为核心的现代人力资源管理制度。这个制度能够促使华为员工的任职能力不断增强，从而使员工承担的责任越来越大，职业化水平越来越高，从而打造一支可以推动华为更快速发展的职业团队。

为达到职业化、流程化的目的，华为在著名人力资源咨询公司合益集团的协助下，制定、公布了高层干部任职资格评价标准。任职资格共分 5 个等级，其中第三、四、五级干部任职资格标准保持了相当长时间的稳定，每个高层干部每年年初都要填写任职资格表格，年末写述职报告，由公司根据其工作表现评定是否合格。

2000 年以后，华为进入职业化、流程化管理为特点的第二创业阶段。任正非在其文章《要从必然王国，走向自由王国》中写道：

> 华为第一次创业的特点，是靠企业家行为，为了抓住机会，不顾手中资源，奋力牵引，凭着第一、第二代创业者的艰苦奋斗、远见卓识、超人的胆略，使公司从小发展到初具规模。第二次创业的目标就是可持续发展，要用 10 年时间使各项工作与国际接轨。它的特点是要淡化企业家的个人色彩，强化职业化管理，把人格魅力、牵引精神、个人推动力变成一种氛围，使它形成一个场，以推动和引导企业的正确发展（见图 3.3）。氛围也是一种宝贵的管理资源，只有氛围才会普及大多数人，才会形成宏大的具有相同价值观与驾驭能力的管理者队伍，才能在大范围内，共同推动企业进步，而不是相互抵消。这个导向性的氛围就是共同制定并认同的《华为公司基本法》，而形成切实推动作用的，就是将在 10 年内陆续产生的近百个子基本法。它将规范我们的行为与管理。

2009 年 4 月 24 日，任正非在华为运作与交付体系奋斗表彰大会上说道：

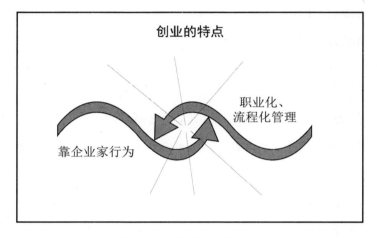

图 3.3 华为两次创业的特点

　　什么是职业化？就是在同一时间、同样的条件下，做同样的事的成本更低，这就是职业化。在市场竞争中，如果对手优化了，你不优化，留给你的就是死亡。思科在创新上的能力，爱立信在内部管理上的水平，我们现在还是远远赶不上的。我们要缩短这些差距，必须持续地改进我们的管理。不缩短差距，客户就会抛弃我们。

　　这些改造奠定了华为全球运营的根基。它并非基于"独立自主"或"中国式的"，而是建立在全球视野基础上所勾勒出的"整合全球资源为我所用"的未来发展战略。他说：

　　很庆幸的是，IPD、ISC 在美国顾问的帮助下，到现在我们终于可以说没有失败。注意，我们为什么还不能说成功呢？

因为 IPD、ISC 成不成功还依赖于未来数千年而不是数十年实践的努力和检验。是的，不是数十年是数千年。因为即使一代一代人不在了，这个世界还会留下管理，管理还会不断地优化、发展下去。管理做得如何，需要很长时间的实践检验。对已经成熟的管理，不要随意创新去破坏它，而是在使用中不断严肃认真地去完善它。这种无生命的管理，随着时间的推移，只会越来越有水平。一代一代人死去，而无生命的管理在一代一代优化中越来越成熟。

在管理上，有时候需要别人带着我们走路，就像一个小孩，需要靠保姆、靠幼儿园老师带着走路一样。但是，一个人终究要自己站起来走路，一直走下去。同样，管理也要靠自己。师傅领入门，修行靠个人。我们的 IPD、ISC 变革也是这样的道理。

任正非认为，管理企业的最高境界是 "无为而治"。一些国际知名的大公司，老板整天打高尔夫球，公司却能持续健康地发展。这就是任正非希望达到的 "无为而治" 的管理境界。"无为而治" 就是企业不需要人为控制，也能自行达到既定目标。它是通过内在控制来激发员工的工作热情，达到自我控制、自我管理。在新经济形势下，一个企业的每一个成员都能自发地、自觉地按照规范和目标行事，发挥自己的潜力，维护企业的利益，努力实现企业目标。

慢慢淡化了企业家对它（企业）的直接控制（不是指宏观的控制），那么，企业家的更替与生命终结，就会与企业的命运相分离了。长江是最好的无为而治，不论你管不管它，都不废江河万古流。

任正非非常看重精神的作用，在华为公司各种资料的排列组合中，他尤为看重塑魂工程。《华为公司基本法》可以理解为他用以实现"无为而治"目的的一个重要工具。

2000年，华为就《华为人》上的一篇短文《无为而治》，组织高级副总裁以上干部，举行以公司治理为题的作文考试。在考试前，任正非作了题为《一个职业管理者的责任和使命》的讲话。他在讲话中说道：

作为高层管理者，我们怎样治理这个公司，我认为这很重要。以前我也多次讲过，只是这篇文章（《无为而治》）给我们画龙点睛，更深刻地说明了这个问题。我希望大家来写认识，也是对你们职业素养的一次考试。考不好怎么办呢？考不好你还可以学习，我们是托福式考试，以最好的一次为准。学不好怎么办呢？学不好你还可以调整，你辞去高级职务往下走。因此要深刻理解公司制定三、四、五级干部任职资格标准的深远意义。我们坚持的干部考核标准，可能在相当长的时间内不会改变。每年大家都要提交述职报告，要填任职资格表格。2月份我将主持高级副总裁以上干部的组织评议工作。我认为，要一次一次刷新你们的思想，让你们理解公司对高级干部的要求。

任正非希望华为犹如奔流到海不复回的长江水一样，不需要领导者整天疲于奔波，能够自动地、势不可挡地走向成功。

我相信这些无生命的管理，会随着我们一代又一代人的死去而更加丰富、完善。几千年以后，不是几十年，这些无生命的管理体系就会更加完善，同时又充满活力，这就是企业的生命。

所谓"无生命的管理"，就是引进国外的先进管理经验。任正非希望，在华为，每个职业管理者都能在一段流程上进行规范化的运作。

我们将逐步引入西方公司职业化的待遇体系，如工资、奖金、期权、期股……都是回到让职业管理者默默无闻、踏踏实实地工作上去。我们实现了这些，高层更不应成为英雄。这就是无为而治的基础。

要达到任正非所讲的"无为而治"，就必须在组织内部形成自我完善、持续提高效率和质量、降低成本的自动循环机制。

我们要逐步摆脱对技术的依赖，对人才的依赖，对资金的依赖，使企业从必然王国走向自由王国，建立起比较合理的机制。

实现无为而治，不仅是管理者实现"从心所欲不逾矩"的长期修炼，更重要的是我们的价值评价体系的正确导向。如果我们的价值评价体系的导向是不正确的，就会引发行为英雄化。行为英雄化不仅仅破坏了公司的流程，严重的还会导致公司最终分裂。在这个问题上，我认为高级干部的价值评价体系导向比个人修炼更重要。个人修炼当然也重要，但小草再怎么浇水也长不成大树，如果价值评价体系不正确的话，那我们的导向体系就错了，我们公司就永远发展不起来。

变革的阻力：触及灵魂的痛苦

1998 年 8 月，任正非在《华为人》上发表了题为《不做昙花一现的英雄》的文章。他在文章中如是说：

管理是世界级企业永恒的主题，也是永恒的难题。在第二次创业中，华为更加不可避免。世界上最难的改革是革自己的命，触及自己的灵魂是最痛苦的。

从 1998 年 8 月，IBM 全球服务部负责的 "IT S&P" 项目启动后，50 位 IBM 顾问在华为一待就是 5 年。按照人均顾问费 20 万美元计算，仅顾问费一项华为就支出 5000 万美元。此外，华为还专门成立了一个配合 IBM 项目组的管理工程部，也有 300 多人。内部人士的估计是，整个变革项目的费用不低于 10 亿元。在此期间，华为的平均营业收入大概是 200 亿元左右，而且还经历了 2002 年这个营业收入下滑的"华为的冬天"。

与人们对这个变革项目的抗拒而产生的心理成本相比，财务上的成本其实还是次要的。花大价钱请的顾问来了，做导入培训时，华为的管理层有趴在桌子上睡觉的，有迟到早退的，有质问顾问这个东西是否适合中国的情况、华为的情况的，也有直接告诉顾问，华为的流程比 IBM 还要先进的。好比一条航行了一半的木筏，为了抵御风浪，要在行进的同时改造成一条大船。任正非自入险境，面临的是一场凶多吉少的恶战。

一些人针对国际先进的管理技术，提出了这样的观点："根据中国国情，根据实际情况，进行改造，有选择地应用。"还有一些人会质疑"美国鞋"是否适合华为，甚至有一些"自负"的华为人认为，华为现有流程还要优于 IBM 的管理流程，根本不需要改革。一位员工问任正非："我们请了一些外国专家，在合作过程中我们内心有许多矛盾，为什么要听他们的？我们应该向外国专家学一些什么东西？"

由于 IPD 牵涉的面很广，华为规模大、产品线宽、系统复杂、技术含量高，刚一开始，其实施是十分艰难的。

自古以来，任何变革都会遭受各种各样的阻力。变革一定会触及一部分人的利益，戳痛个别人。在变革时，这些人自然会千方百计地找出理由，坚持不懈抵触，越民主，越容易形成重重阻力，最后导致改革的失败。这是一切软弱的改革者的软肋。要想获得变革的最终胜利，变革的领导者就必须能够正确机敏地应对和顶住来自各方的压力和困难，针对企业实际制定合适的变革策略。

而作为一个非凡的企业领袖，任正非让人炫目的沟通能力在这种关键时刻往往大放异彩。他说：

> 我认为小孩要先学会走路再去学跑，现在我们还是幼稚的，多向人家学一学，等你真正学透了以后，你就可以有自己的思维了。先形式后实质，也是我们公司向外面学习的一个重要原则。
>
> 我们在向 IBM 学习，比如学 IPD 的过程中，从各部门调来一些人，开始也在批判 IBM，我将他们全部都赶走了。我们就是要好好向人家学，他就是老师，学明白了再提意见（见图 3.4）……向人家学习也确实是痛苦的，华为公司就是在"左"和"右"的过程中走出来的。

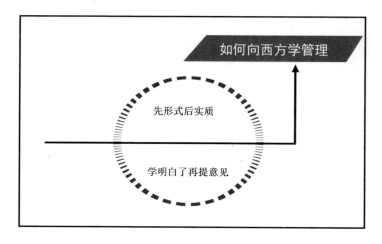

图 3.4 华为如何向西方学管理

一些华为人的过分自信甚至引发了任正非的怒火。他在内部员工交流会上提出了严厉的批评：

> 我们坚决反对搞中国版的管理、华为特色的管理。所谓"管理创新"，在现阶段就是要消化西方成熟的管理（见图3.5）。IBM是一个有80多年悠久历史的公司，而华为还处在一个学生娃、课本式的幼稚管理阶段。我们一直摸着石头过河，但我们不希望掉到河里去。

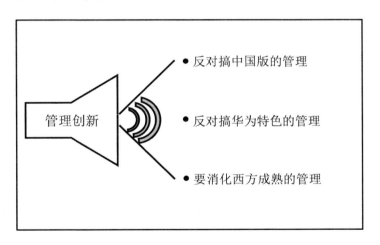

图 3.5 华为现阶段管理创新的内涵

> 我最痛恨"聪明人"，认为自己多读了两本书就了不起。有些人还不了解业务流程是什么就去开流程处方，结果流程七疮八孔老出问题。你们一定要明白IBM是怎么做的，学习人家的先进经验。我们通过培训、考试上岗，即使他认为自己比IBM还要厉害，不能通过考试也要下岗。

1997 年，管理变革发起之时，30% 市场主管离开原有岗位，加上其他部门的人事冲击，几乎形成风暴。在 IPD 和 ISC 实施最为深入、投入也最大的 2002 年，受当时 IT 业衰退的影响，华为当年还出现了创业以来的首度业绩滑坡，销售额下降了 17%，利润和成本都受到了挤压；雪上加霜的是，受公司业绩增长压力以及流程变革带来的阵痛影响，2001 ～ 2002 年，有为数众多不适应新的管理流程的核心研发团队相继离职。企业内部人心惶惶，连任正非也曾一度患上抑郁症而痛苦不堪。

变革除动摇了原有的人事基础和职位评估体系，更冲击到了原有研发技术核心人员的理念。在此之前，研发策略和方向的确定更依赖个人和资金，而新 IPD 流程更强调决策的流程化和组织化，强调研发为市场所主导。在 IPD 流程推行日益深入的 2001 年前后，何庭波所在的软件及芯片部门中，不少人被迫削足适履，个人英雄情结向流程和组织妥协，不少核心研发人员离开了华为。而任正非在非公开场合也谈到，这场持续而作风强硬的管理变革的代价是，让当时大概 2000 名管理干部走人。

2001 年 4 月，任正非在其文章《北国之春》上写道：

推行 IT 的障碍，主要来自公司内部，来自高中级干部因电子流管理从而权力丧失的失落。我们是否正确认识了公司的生死存亡必须来自管理体系的进步？这种进步就是快速、正确，端对端，点对点，去除了许多中间环节。面临大批的高中级干部随 IT 的推行而下岗，我们是否做好了准备？为了保住帽子与权杖，是否可以不推行电子商务？关键是，是否能够说服我们的竞争对手也不要上，大家都手工劳动？我看是做不到的。沉舟侧畔千帆过，不前进，我们必定死路一条。

……

危机的到来是不知不觉地。我认为所有的员工都不能站在自己的立场看问题。如果你们没有宽广的胸怀，就不可能正确对待变革。如果你不能正确对待变革，抵制变革，公司就会死亡。在这个过程中，大家一方面要努力提升自己，一方面要团结同志们，提高组织效率，并把自己的好干部送到别的部门去，使自己部下有提升的机会。你减少了编制，避免了裁员、压缩。改革总会触动某些员工的利益、激发一些矛盾，希望大家不要发牢骚，说怪话，特别是我们的干部要自律，不要传播小道消息。

即使公司内部面临着巨大的压力，2002 年，任正非在华为固网产品线骨干交流会上的讲话，再一次表达了自己对管理变革的决心：

推行 IPD、ISC 给我们带来一些困难，有时候也会动摇我们的信心，但我们还是要搞。我们认为坚持一下就是胜利，这样就和别的公司拉开了距离。有人说，人家不搞 IPD、ISC 也照样好好的。但我们也看到，他们没有一样比我们做得更好。所以说，IPD、ISC 还是可以让我们做更好的产品。有人抱怨说，我们的效率低了，但大家有没有发现，最近这几年，大家的工资涨了一点，工作量却降了一点？这不说明效率提高了？因此，IPD、ISC还是有好处的，我们还是要坚定不移地把变革进行到底。

事实证明，任正非这种"誓将管理变革进行到底"的眼界和魄力，不仅推动华为完成了一次史无前例的蜕变，而且从根本上奠定了华为成为一家国际化公司的基础。

先僵化，后优化，再固化

摩托罗拉中国区总裁高瑞彬曾经判断，华为依靠小米加步枪的竞争优势不可能维持下去。让华为人自己津津乐道的快速反应——一出问题就第一时间赶到现场并想办法解决的情况，在跨国公司看来却是企业管理不规范的体现。"改来改去，各地版本的差异越来越大，将来设备升级时可能一团糟。现在，华为反应迅速是因为接触面小，将来在全球市场发展，现在这套适合中国情况的机制，还能保证华为同样反应迅速吗？"

任正非以高昂的学费请入IBM，就是为了解决这个问题。在企业发展势头极好，一切看起来正昂首阔步走在正轨上时，让一群穿着背心短裤和片儿鞋跑得飞快的土狼们穿上西装革履迈起整齐划一的步子，是一件让人憋气的事。任正非强大的个人意志力在这件事上发挥了极大的作用。他几乎是用一种不分青红皂白的命令方式将管理变革强推下去。

　　任正非下定决心削足适履，提出了著名的管理学习"三化论"：先僵化，后优化，再固化（见图 3.6）。这是任正非一个著名的管理改革理论，是在华为引进国际化管理运作体系时提出的改革要求，即先僵化接受，后优化改良，再固化运用。

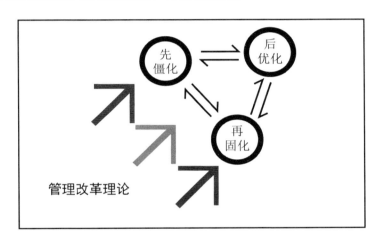

图 3.6 华为管理学习"三化论"

　　也就是说，华为先是让员工在第一阶段"被动""全面"地接受这一套新的运行方式，等公司对整个的系统的运行有了比较深刻的认知之后，再对其进行调整优化，最后自然就形成一套华为特有的运行方式。

　　之所以顶着这么大的压力，冒这么大的风险，是因为任正非知道，员工主观能动性、团队合作精神、艰苦奋斗精神，也就是外界津津乐道的所谓的华为"狼性文化"，并不能包打天下。

　　任正非曾感慨，中国的问题是中国人"太聪明"，但因为无法用制度、流程、系统把这种个体的"聪明"规范起来，所以中国人5000年来都受穷。其实，中国的问题同样可以说是因为中国人"太勤劳"，同样因为无法把这种个体的"勤劳"规范起来，所以中国人5000年都受穷。走遍全世界，哪个国家的人像中国人过得那么辛苦？

《华为的世界》披露一个让人深思的细节：1996年，华为人几乎天天加班，但企业的人均销售才57万元；到了2005年，完成流程变革项目两年后，加班现象越来越少，人均销售收入却接近150万元。华为终于走出了一条不靠个体的"聪明""勤劳"来生存的新路子。

只可惜，中国企业界，能在任正非这个层次上认识到西方管理的价值，放下身段向西方企业学习，从而让自己的企业与国际接轨，从容地走向世界，像华为一样成为"世界的华为"的人实在太少。

任正非曾表示：

> 华为没那么伟大，华为的成功也没什么秘密！华为为什么成功？因为华为就是最典型的阿甘。阿甘就一个字"傻！"阿甘精神就是目标坚定、专注执着、默默奉献、埋头苦干（见图3.7），认准方向，朝着目标，傻干、傻付出、傻投入。华为走到今天是依靠华为人的"傻付出"，舍得付出。我们从几百万做到今天的近4000个亿，经历了多少苦难！流了多少辛酸泪！这是华为人用命博来的。

先僵化

"先僵化"的思想与鲁迅的"拿来主义"颇为相似。鲁迅在文章中提到过"占有，挑选"。"占有"，即"不管三七二十一，'拿来'"！"没有拿来的，人不能自成为新人；没有拿来的，文艺不能自成为新文艺"。鲁迅提出了他的"拿来主义"。对企业而言，道理也是相似的。面对国外的先进的管理理论，要先"占有"，之后再"挑选"。

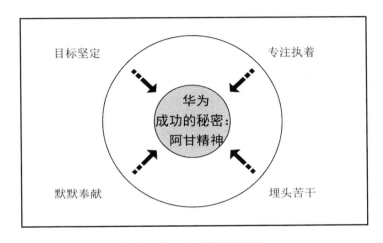

图 3.7 华为成功靠阿甘精神

任正非坚定地在华为推行 IPD，任正非向华为人这样解释道：

华为不能盲目地、支离破碎地改动大的流程与程序。华为目前的情况是只明白 IT 这个名词的概念，还不明白 IT 的真正内涵。所以，在没有理解 IT 内涵前，千万不要改进别人的思想。

IPD 关系到公司未来的生存与发展，各级组织、各级部门都要充分认识到它的重要性，通过"削足适履"来穿好"美国鞋"的痛苦，换来系统顺畅运行的喜悦。

为了加快华为的国际化步伐，华为宁愿削掉自己的"足"，也要穿上 IBM 公司的"履"，由此可见任正非铁腕推行的决心。任正非表示：

> 在管理改进和学习西方先进管理方面，我们的方针是"削足适履"，对系统先僵化，后优化，再固化。我们切忌产生中国版本、华为版本的幻想。
>
> ……
>
> 5 年之内不许任何改良，不允许适应本地特色，即使不合理也不许动。5 年之后，把国际上的系统用惯了，再进行局部改动。至于结构性改动，那是 10 年之后的事情。
>
> ……
>
> 我们让大家去穿"美国鞋"，让美国顾问告诉我们"美国鞋"是什么样子。至于到了中国后，鞋是不是可以变一点，只有顾问有权力变，我们没有这个权力。创新一定要在理解的基础上进行。我们一定要把那些出风头的人从我们变革小组中请出去。

如果还没有在引进的管理方法中进行实践，一上来就民主地让大家进行"优化"，一定会意见不一。因为每个人都有自己的经验，单凭过去的经验来套新的规则，会陷入形而上学。任正非深知这一点。他在一次讲话中说：

> 华为员工很聪明，容易形成很多思想和见解，认识不统一，

就容易分散精力。

2005 年 4 月 28 日，任正非在作《华为公司的核心价值观》的专题报告时说道：

引进世界领先企业的先进管理体系，坚持"先僵化，后优化，再固化"的原则，坚持"小改进，大奖励；大建议，只鼓励"的原则，持续地推行管理变革（见图 3.8）。我们一定要真正理解人家上百年积累的经验，一定要先搞明白人家的整体管理框架，为什么是这样的体系。刚才知道一点点，就发表议论，其实就是干扰了向别人学习。曾经有一个伟大的企业家说过他成功的经验，就是聆听。我们公司有许多小聪明，常哗众取宠，一知半解就提些意见，被赶出了变革管理小组。

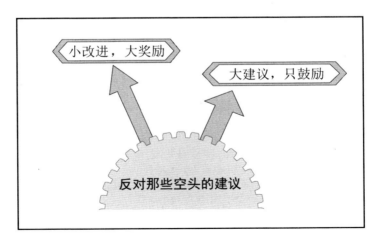

图 3.8 华为推行管理变革的两个原则

我们用 7～8 年时间听 IBM 顾问怎么说，成功地引进了他们的先进管理。"小改进，大奖励；大建议，只鼓励"其实就是反对那些空头的建议。没有本职的实践经验，没有深入理解别人管理体系的内涵，怎么可能提得出真正的大建议呢，是不可能的。因此，我们强调员工要做实。同时，我们有一个《管理优化报》，是可以自由发表你的意见的。因此，组织上是不听取员工大建议的。整个组织行为是引导做实的。

坚持改进、改良和改善，反对大刀阔斧，反对急躁冒进，因为牵一发而动全身，随意的改进就是高成本。提倡循序渐进，提倡继承与发扬，提倡改良。任何一个新的主管上任时，都不能大幅度地推翻前任的管理方式。当其变革超过一定限度时，他会被弹劾。我们对企业创新进行有效管理，坚持持续地提高人均效益，从而构建高绩效的企业文化。

后优化

任正非认为，西方的管理并不完全适合中国企业的实情。因此，在引进西方管理时，要进行一定的改进。

要学习别人先进的经营管理模式和技术，首要的问题就是削弱甚至取消原来特色鲜明的"传统文化"的宣传，脱掉"草鞋"，换上"美国鞋""德国鞋"，将华为文化中的核心部分归结为符合职业化需要的普遍性商业文化，如责任、敬业、创新等。这就涉及如何做到批判地继承的问题。

华为引进的美国合益集团的薪酬和绩效管理方法就是一个比较

典型的"美国鞋"。任正非说：

> 我们引入美国合益集团的薪酬和绩效管理的目的，就是
> 因为我们看到沿用过去的办法，尽管眼前还活着，但是不能
> 保证我们今后继续活下去。现在，我们需要脱下草鞋，换上
> 一双美国的鞋，但穿新鞋走老路照样不行。换鞋以后，我们
> 要走的是世界上领先企业走过的路。这些企业已经活了很长
> 时间，它们走过的路被证明是一条企业生存之路。这就是我
> 们先僵化和机械引入合益集团系统的唯一理由。换句话讲，
> 因为我们要活下去。

任正非认为，华为必须全面、充分、真实地理解合益集团提供
的西方公司的薪酬思想，而不是简单机械地引进片面、支离破碎的
东西。但同时，任正非也指出，向西方学习，引进西方的管理理念
并非一味照搬。他始终提倡改良，对于来自美国合益集团的成功管
理方法当然也不例外。

> 当我们的人力资源管理系统规范了，公司成熟稳定之后，
> 我们就会打破合益集团的体系，进行创新。那时，我们将引
> 入一批"胸怀大志，一贫如洗"的优秀人才，他们不会安于
> 现状，不会受旧规范的约束，从而促使我们的人力资源管理
> 体系再次裂变，促进企业的再次增长。
> ……

此外，管理既要走向规范化，又要创新，又要对创新进行管理，形成相互推动和制约机制。

管理本土化的实质既是民族化，又是国际化。适当的本土化是全球化的特征，这是一个动态的过程。在全球经济产业趋于一体化的过程中，本土企业越来越多地加入了国际竞争。为了提高竞争能力，一场轰轰烈烈的"洋务运动"开始了。但是，"外来的和尚"都会念经吗？"远方的客人"都能入乡随俗吗？我们的企业都需要"洋文凭"吗？每一种管理方法和工具都有其产生的特定环境和背景，在被应用到另外的领域和环境时，应用者就要根据面临的实际情况作相应的调整，进而形成有自身特色的属于自己企业的一种方法、理论甚至文化。

2009 年 4 月 24 日，任正非在华为运作与交付体系奋斗表彰大会上讲道：

> 西方的职业化，是从 100 多年的市场变革中总结出来的，因为这样做最有效率。穿上西装，打上领带，并非是为了好看。我们学习它，并非是完全僵化地照搬，难道穿上中山装就不行？ 20 年来，我们有自己成功的东西，我们要善于总结出来，我们为什么成功，以后怎样持续成功，再将这些管理哲学的理念，用西方的方法规范，使之标准化、机械化。这样，有利于广为传播与掌握，有利于培养各级干部，有利于让员工适应工作。只有这样，我们才不是一个僵化的西方样板，而

是一个有活的灵魂的管理有效的企业。西方在中国的企业成功的不多，就是因为照搬了西方的管理方法，从而水土不服。一个企业活的灵魂，就是坚持因地制宜、实事求是。这两条要领的表现，就是不断提升效率。

成功引进后，再打破，再创造出自己的体系，这才是任正非要换上"美国鞋"的最终目的。而且，这个过程其实一直在华为持续进行，其管理的进步就是依靠不断改革来实现的。

再固化

在任正非强力推动下，IPD 项目开始运行起来了。2003 年上半年，数十位 IBM 专家撤离华为，标志着业务变革项目暂告一个段落。此次业务流程变革历时 5 年，涉及公司价值链的各个环节，是华为有史以来进行的影响最为广泛、最为深远的一次管理变革。随着华为公司规模的日益庞大和市场的日益扩张，IPD 系统的重要性日益凸现出来。任正非为华为打造了一个 IT 支撑的、经过流程重整的、集中控制和分层管理相结合的、快速响应客户需求的管理体制，使华为能够与世界顶级的电信运营商用统一的语言进行沟通，为进入国际化奠定了基础。

任正非指出，创新应该是有阶段性的和受约束的。表面上看来，公司的运作特点是重变，重创新，但实质上应该是在重固化和规范。固化就是例行化（制度化、程序化）、规范化（模板化、标准化），固化阶段是管理进步的重要一环（见图 3.9）。

例行化。管理就是不断把例外事项变为例行事项的过程。将已经有规定，或者已经成为惯例的东西，尽快在流程上高速通过，并使还没有规定和没有成为惯例的东西有效地成为规定和惯例。

规范化。规范化的具体手段之一是模板化、标准化，这是快速管理的法宝。任正非指出，规范化管理的要领是工作模板化，就是把所有的标准工作做成标准的模板，就按模板来做。

这套被任正非称为"削足适履"的机制变革，在经历阵痛之后，其正面效应开始快速显现。"我们很快建立一套可以与国际客户以及同行对接的'语言'（理念及行事方式）"，华为一位核心老研发员工说。这也是华为创业 20 多年，即可与欧美百年老店抗衡的根本原因。

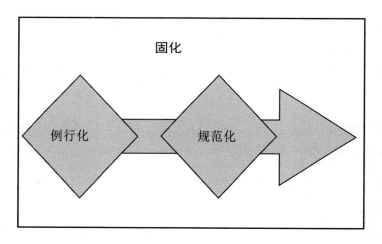

图 3.9 固化的特点

事实验证了任正非战略决策的正确性。通过整个"削足适履"的艰难过程，任正非也为华为打造了一套特别的管理体制。这套管理体制是由 IT 技术支撑的，经过了流程重整，将集中控制和分层管理相结合，且能够快速响应客户需求。

著名管理专家王育琨在其著作《强者：企业家的梦想与痴醉》中这样写道：管理西化，是华为在全球化进程中不得不过的一道门槛。你可以有很好的广告、很前卫的展示、很好的个人交流，但是国际厂商更重视你的内功。2005 年，华为终于挤进 BT（英国电信）21 世纪网络供货商短名单，看上去好像比试的是技术和产品的性价比，而实际上考量的却是质量保证体系。

华为人刚开始接触英国电信时经常遭到冷遇，因为英国人不相信中国人能制造出高质量的交换机。那时，华为甚至连参加招标的机会都没有。后来，华为人终于知道了 BT 的规矩：要参加投标必须先经过他们的认证，其招标对象都是自己掌握的短名单里的成员。2002 年开始，华为请英国 BT 对其管理体系进行认证。两年后的 2004 年，英国才把华为列入他们的可以参与角逐的短名单中。来华为考核时，他们首要考虑的并非技术，而是管理体系、质量控制体系、环境体系等，因为要保障华为对客户交付的产品的可预测性和可复制性。BT 的考核还包括对华为合作伙伴的运营能力和信用等级的考核，对华为的供应商的资质审核，甚至还包括对华为的人权（诸如华为给员工提供的食堂、宿舍等生活条件，对华为的供应商为员工提供的条件也予以关注）状况的考核。最终，在总共 5 项指标中，华为获得了 4 个 A 和一个 A−。

这段经历，让任正非深刻领会到，企业组织的可复制能力与可预测性体现在一系列流程和内外环境中的模式化力量，已经成为现代规模管理的基础。华为必须跨越这个门槛。

第 4 章

职位与薪酬体系：
实现真正的同工同酬

职位薪酬体系

植入华为特质

员工的职业发展计划

我们首先要把岗位搞清楚，把岗位的重量搞清楚，让每个岗位在公司都应该有增值。岗位的重量是不断变化的，不是永恒不变的。当岗位不规范时，可能要求的干部级别职级高；当岗位规范后，"扳道岔"就不需要"钦差大臣"了。

职位薪酬体系

自古以来，军营生活是最为艰苦、严格、寂寞的。那么，如何保持军人的战斗热情？一位军事家曾一语道破天机：让军队保持战斗力的一个秘诀是逐步晋级，永不停顿。等级的细分，晋级的持续，能使人不断获得成就感，在较长的周期内保持积极性。从管理心理学上讲，就是把握好激励的节奏，循序渐进。否则，同样的激励投入，效果却会大打折扣。

譬如，随着相关经验的不断积累，一个工程师渐进地获得岗位和收入上的升级，冷板凳被逐步加高加热。这样，有利于调动和保持他的积极性。这其实也是部队军衔划分细密的奥妙。如果晋级太快，一下子用光了激励资源，反而不利于人员的长期稳定与发展。假设一个军人刚入伍就因为立功被提升为大校，在短期内确实能大大调动其积极性。但过一段时间后，他就习以为常了。如果他想晋升少将，由于将级岗位数量严格控制，将变得极其困难。这样一来，他长时间看不到晋升希望，尽管板凳比较高，但依然感觉很冷，因为没有热源了。于是他就会慢慢失去动力，要么熬下去，要么走出去。

一位工程师，因为表现突出一点，加上项目需要，很快被提升为项目经理。但因为能力经验不具备岗位要求，或更高岗位数量有限，在接下来很长一段时间内职位没有变化。结果，有的老员工感觉"没有前途"，耐不住"冷板凳"的寂寞而离开。这样，企业只好把希望不断地寄托在新人身上，于是老毛病又"从新"出现。

德鲁克表示："最能有效刺激员工改善工作绩效、带给他工作上的自豪感与成就感的，莫过于分派给他高要求的职务。"

职权的激励在华为是非常重要的，为华为留住人才起到了非常大的作用。华为的员工大多数高素质高学历，十分在意实现自身价值并强烈期望得到组织或社会的承认与尊重。所以，华为对其进行充分的授权，以此显示对他们的信任与尊重，使得他们更愿意贡献自己的才智，从而对公司事务有了更强的参与感和更多的自主性。

1996～1997年，华为集团副总裁张建国被多次派往香港考察几家著名的咨询公司。最终，他选择了合益集团为华为做薪酬体系咨询。这家公司花了两年时间到华为做调查、分析，以张建国为首的人力资源部也成立了一个有10多名成员的小组予以配合。合益集团最终提出了一系列改革措施。那天，专家们从香港乘船前往深圳，由于船舶误点，本计划晚上9点到，最后一直到10点多才到达。第二天，咨询公司专家提交了方案，并与华为高管人员交流了不到一个上午，中午吃完饭就回去了。花了一大笔钱，最终得到的只是两个小时的讲解，华为还是觉得比较值得。张建国认为，合益集团不只提出了美国式的薪酬考核体系，更提出了新的管理理念和思路。

华为的薪酬制度改革经历了以下历程：

1997 年，华为从合益集团引入"职位与薪酬体系"，初步建立了职位管理的概念。2003 年，华为推行人岗匹配和易岗易薪制度，要把职位管理搞清楚，才能谈人的管理问题。2006 年来，华为推行"以岗定级、以级定薪、人岗匹配，易岗易薪"的薪酬制度改革（见图 4.1）。

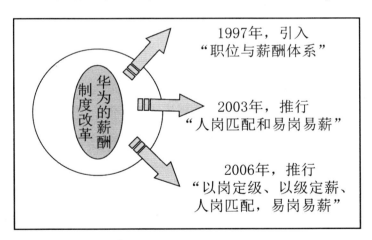

图 4.1 华为薪酬制度改革历程

职位薪酬体系是对每个职位所要求的知识、技能以及职责等因素的价值进行评估，根据评估结果将所有职位归入不同的薪酬等级，每个薪酬等级包含若干综合价值相近的一组职位。然后，根据市场上同类职位的薪酬水平确定每个薪酬等级的工资率，并在此基础上设定每个薪酬等级的薪酬范围。

薪酬体系主要是针对基本薪酬的薪酬系统。职位薪酬体系是传统的确定员工基本薪酬的制度，其最大的特点是员工担任什么样的职位就得到什么样的薪酬，只考虑职位本身的因素，很少考虑人的因素，是真正的"对事不对人"，实现了真正的同工同酬。

职位薪酬体系的优点是：

◆ 主要以职位作为基本薪酬的参考依据，容易实现同工同酬。

◆ 按照职位系列进行薪酬管理的好处是，操作比较简单，管理成本较低。

◆ 员工能清晰地看到晋升与薪酬增加的方向，从而增加动力（见图 4.2）。

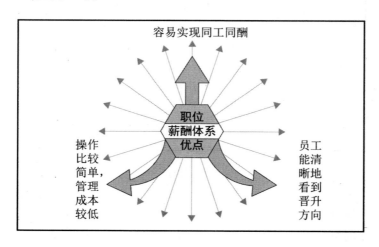

图 4.2 华为职位薪酬体系的优点

职位薪酬体系的缺点是：

- 不鼓励员工拥有跨职位的其他技能，易导致员工技能的浪费，且不充分激励员工提高或拓宽自己的技能，造成员工技能单一化的局面出现。
- 与职位直接挂钩，没有晋升就没有大幅度加薪的机会，易挫伤员工的工作积极性，甚至有"磨洋工"或离职现象。
- 薪酬与职位相连，职位较稳定，薪酬也较稳定。薪酬的计发与工作业绩和工作能力缺乏明显的相关性，激励性差，也不利于增强企业环境适应能力（见图 4.3）。

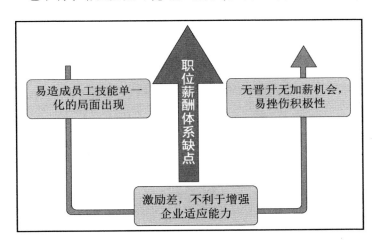

图 4.3 华为职位薪酬体系的缺点

华为的薪酬制度改革的实施前提是：

- 具有明确、规范、标准的职位内容（工作分析）。
- 职位内容具有基本的稳定性，确保工作序列关系明显以及工资体系的相对连续性和稳定性。

◆ 企业具有完善的任职资格体系，按照个人能力安排工作岗位，实现人岗匹配、能岗匹配，确保内部公平性。

◆ 有完备的职务阶梯和相当多数量的职级，确保每一类员工都有由低向高晋升的机会和空间。

◆ 有较高基本薪酬水平，为员工提供基本保障。

职位薪酬体系的设计流程见图4.4：

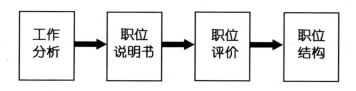

图 4.4 华为职位薪酬体系设计流程

关于职位管理，华为首先跟顾问交流，确定评价标准，更加突出责任导向和结果导向。围绕这两点，对整个评估要素进行调整，使得职位职级的评估更能体现华为的价值导向。接下来，采用从典型岗位到普遍岗位的方法，花了一年多时间，把整个公司的职位系统进行了梳理。

植入华为特质

在职位管理方面，华为大量借鉴了业界的标准方法，但在这些方法中植入了华为的特质。比如：以岗定级，采用了定制后的方法来做职位评估；以级定薪，是华为自己的实践。华为与国外咨询公司一起讨论，做方案，把职位职级跟业界对标（指企业为提高自身水平，与国际国内同行业先进企业指标进行对比分析，确定标杆，通过管理和技术措施，达到标杆或更高水平的实践活动。——编者注），确定其薪酬定位；人岗匹配、易岗易薪也是华为的创新和经验总结，体现了责任挂钩——你到了这个岗位，在岗位上做出了贡献，那你就获得相应合理的回报；在这个岗位，你的薪酬区间就清楚了，但能不能获得这些回报，还取决于你在这个岗位干得怎么样，胜不胜任。而且，如果被换岗了，薪酬就会随着岗位变化而调整。这使得薪酬回报跟责任贡献弹性挂钩。这在业界都是没有的，但落实了华为责任结果导向的管理理念。

2006 年，华为推行"以岗定级、以级定薪、人岗匹配，易岗易薪"的薪酬制度改革。华为职位与薪酬管理的具体过程，可以用 16 个字来概括：以岗定级、以级定薪、人岗匹配、易岗易薪（见图 4.5）。根据岗位责任和贡献产出，确定每个岗位的工资级别；员工匹配上岗，获得相应的工资待遇；员工岗位调整了，工资待遇随之调整。

华为人力资源委员会认为，这次改革受益最大的，是那些有奋斗精神，勇于承担责任，冲锋在前线并做出贡献的员工；受鞭策的，是那些安于现状，不思进取，躺在功劳簿上睡大觉的员工。"老员工如果懈怠了、不努力奋斗了，其岗位会被调整下来，待遇也调整下来。"

2009 年，任正非在文章《人力资源体系要导向冲锋，不能教条和僵化》中这样写道：

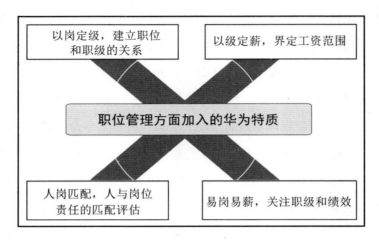

图 4.5 华为薪酬制度改革内容

　　我们首先要把岗位职责搞清楚，把岗位的价值搞清楚，让每个岗位在公司都有增值的潜力。岗位的价值是不断变化的，不是永恒不变的。当岗位价值标准不规范时，可能要求的干部级别职级高；当岗位职责价值标准规范后，"扳道岔"就不需要"钦差大臣"了。所以，岗位是循环变动的，人力资源部可以建立一个规则部门，循环认证目前岗位的价值。岗位价值确定后，各种级别配多少人就变得清楚了。

　　"以岗定级、以级定薪"体现了员工承担责任同回报挂钩，"人岗匹配、易岗易薪"体现了员工在岗位上的真正贡献与其回报挂钩的导向，从而使得公司责任结果导向的理念在日常机制上落了地。

　　对于每一个级别，每一个岗位工资的确定，既要考虑对外的竞争性，也要考虑内部的可支付能力和公平性。

以岗定级，建立职位和职级的关系

以岗定级，是通过职位职级表来确定的：每一个职位会确定一个对应的职级，这个职级就是这个岗位对企业贡献的价值评估，包括了对组织绩效的评估，对岗位价值的评估和对任职者个人的评估。

在这里，华为做了两件事情：第一，对于每一类岗位确定岗位序列，例如研发岗位序列、市场岗位序列等。其中，研发岗位序列又包含了助理工程师、工程师、高级工程师等渐进的职位；第二，对职位序列进行评估，评估的重点在于职位的责任是什么，控制的资源是什么，产出是什么以及这个岗位面对的客户和环境的复杂性程度怎样，并参考承担这个岗位的人需要什么样的知识、技能和经验等。这主要是通过职位承担的岗位职责和产出来进行衡量，衡量的结果用一个职级的数字来进行描述。做完了这两步，就建立了一个职位和职级的对应关系。

以级定薪，界定工资范围

以级定薪实际上就是一个职级工资表。华为的薪酬使用的是宽带薪酬体系：对于每一级别，从最低到最高都有长长的带宽。每一个部门的管理者，可以根据本部门员工的绩效，在这个带宽范围内对其工资进行调整。在同一级别里，可以依据员工的绩效表现，在每年的公司例行薪酬审查中，或者当员工做得特别优秀时提出调薪申请。由于不同级别之间的薪酬区间存在重叠，员工即使不升级，只要持续贡献，绩效足够好，工资也可以有提升空间，甚至超过上一级别的工资下限。这样，就有利于引导员工在一个岗位上做实做深做久，有助于岗位稳定性。所以，以级定薪就是对每一个级别在公司能拿多少工资进行了一个界定。每一个部门管理者可以根据以岗定级来确定员工的职级，然后对应在级别上，确定员工的工资范围。

每个企业都可以设置自己的职位薪酬管理模式。华为这种宽带薪酬的管理方式，对于管理者的管理能力，对于员工的工作能力，对于调薪的操作能力，要求都比较高。

人岗匹配，人与岗位责任的匹配评估

所谓"人岗匹配"，指的就是员工与岗位所要求的责任之间的匹配，以确定员工个人职级及胜任力度。人岗匹配的核心在于，员工的绩效是不是达到岗位的要求、行为是不是符合岗位职责的要求。另外，还包括一些基本条件，比如知识、技能、素质、经验等。

如果出现岗位调动，一般来说，人岗匹配是按照新的岗位要求来认证的。认证工作往往都在新岗位工作3个月或半年以后才进行，而不是调动之后立即进行。等到人岗匹配工作完成后，根据新岗位要求的适应情况，确定员工的个人职级及胜任度，再决定其相应的薪酬调整。

任正非在《华为的红旗到底能打多久》一文中指出：

> 怎么使员工各尽所能呢？关键是要建立公平的价值评价和价值分配制度，使员工形成合理的预期，让他相信各尽所能后就能得到合理的回报。而怎么使价值评价做到公平呢？就是要实行同等贡献，同等报酬原则。不管你是博士也好，

硕士也好，学士也好，只要做出了同样的贡献，公司就给你同等的报酬，这样就把大家的积极性都调动起来了。

易岗易薪，关注职级和绩效

如何在人岗匹配之后确定薪酬的调整，就是易岗易薪要解决的问题了。

易岗易薪是针对岗位变化后的情况，一种是晋升，另外一种是降级。对于晋升的情况，如果员工的工资已经达到或超过了新职级工资区间的最低值，他的工资可以不变，也可以提升，主要看其绩效表现；如果尚未达到新职级工资区间的下限，一般至少可以调整到新职级工资区间的下限，也可以进入区间里，具体数额也取决于员工的绩效表现。对于降级的情况，也是根据员工的绩效表现，在新职级对应的工资区间内确定调整后的工资。如果降级前工资高于降级后的职级工资上限，就要降到降级后对应的职级工资上限或者以下 。[1]

在人力资源绩效导向方面，华为 2012 年进行了一次改革，员工奖金和薪酬由自上而下的"授予制"，变成自下而上的"获取制"，而不是平均分配，体现了华为"多劳多得"的导向。

2012 年，任正非在基层作业员工绝对考核试点汇报会议上这样说道：

　　基层员工加工资，主要看价值贡献。不要把等级过于绝

---

[1]　华营私塾.十六字探寻华为薪酬管理之道［OL］.搜狐网，2015 http://mt.sohu.com/20150716/n416890494.shtml

对化。基于价值贡献，小步快跑，多劳多得。我们以绝对考核为基础来调整工资。这样就使得这个评级简单化、量化、公开化，让基层员工看到了希望。

任正非认为"英雄不问出身"，只要做出了同样的贡献，公司就给予同等的报酬。这种激励能够最大限度地激发员工的工作潜能。后来，华为建立了一套体现定岗定薪的分配体系——岗位标准工资。

岗位标准工资

2009年，任正非在其文章《人力资源体系要导向冲锋，不能教条和僵化》中这样写道：

> 我们明确，由人力资源委员会的编制委员会来确定我们应该有多少岗位以及这个岗位是什么重量。你们干部和管理部门要如何去称岗位重量，去看这个人是不是适合这个岗位。比如，有两个职类岗位，我们只能用一个，多了一个怎么办？要么你就把多的这个干部挤下去，要么你就把这个干部调给别人。你们原来是针对人来称重量，而不是针对岗位的需要来称，现在我们要强调针对岗位的需求来称。

为了合理反映员工的贡献与报酬之间的关系，华为人力资源部制定了岗位标准工资。将员工职位分为22个等级，每个等级又按照胜任能力分为ABC 3个层次。13级以下基本上都是普通员工，在这里不具体描述，我们重点来看 13 级及以上的。华为员工标准岗位工资明细及分析如下表所示。

表 4.1 为华为员工标准岗位工资明细及说明：

表 4.1 华为员工标准岗位工资明细（2014 年以前）

单位：元

岗位等级	胜任等级		
	C	B	A
13	5500	6500	7500
14	7500	9000	10500
15	10500	12500	14500
16	14500	17000	19500
17	19500	22500	25500
18	25500	29000	32500
19	32500	36500	40500
20	40500	44500	49500
21	49500	54500	59500
22	59500		

应届本科硕士入职 13 级，博士 14 级。内部公开查阅只显示至 22 级，超过 22 级总裁级别不公开显示级别。在 2014 ～ 2015 年大幅度提升工资基线后，每级工资差距大概在 4000 元。13 级为9000 ～ 13000 元，14 级为 13000 ～ 17000 元，15 级为 17000 ～ 21000 元，16 级为 21000 ～ 25000 元，17 级为 25000 ～ 29000 元，越往上薪酬差距越大。一份华为律师函件中显示：某地区某销售副总裁岗位 22级，工资为税前 82500 元。

华为将每个等级与员工绩效考核成绩相对应。如果员工考核（对员工贡献的评价结果）获得15C，那么他的工资就是10500元，奖金、期权另算，但也要通过绩效考核来衡量贡献，通常15级将获得3～4万元期权。

岗位标准工资中还设定了胜任系数，以奖勤罚懒。完全胜任的系数是1，基本胜任的系数是0.9，暂不胜任的系数是0.8。此外，公司还设定了地区差异系数，一级城市1，二级城市0.9，三级城市0.8，其他城市0.7。

岗位标准工资的等级确定：一是依据面试、试用情况；二是依据日常工作、项目执行的评价。总之，做出的贡献越多，得到更高等级岗位工资的可能性越大。华为人所在等级说明如下：

◆ 助理工程师的等级为13C～15B。

◆ 普通工程师B的等级为15A～16A。

◆ 普通工程师A的等级为17C～17A。

◆ 高级工程师B的等级为18B～19B。

◆ 高级工程师A或技术专家为19B～20A。

◆ 三级部门主管19B～19A。

◆ 二级部门主管20A。

◆ 一级部门主管21B～22B。

◆ 最高等级22A。

其中，华为技术专家的等级等同于三级部门主管，高级专家最高可达到一级部门正职的技术等级 21A ～ 22B，这也体现了华为同贡献、同报酬的分配原则。

任正非表示：

逐步实施岗位职级循环晋升，激发各单位争当先进。第一，我们实际已有的薪酬标准就不要改变了，动的是个人职级。第二，以岗定级不能僵化。以后有少部分优秀人员，没岗位但允许有个人职级，要看重这些人的使命感、创造力。如果脱岗定级的问题现在找不到合适方法来操作，就把优秀人员的岗位职级先调整了，让他自己再去进行人岗匹配，程序还是不变，这个机制可以叫做"岗位职级循环晋升"。如原来 20 级的组织，其中做得优秀的那 30% 可以转到 21 级，每 3 年转一圈，做得好的才动。每年拿 30% 优秀部门来评价，如果明年这个岗位还在先进名单里，就更先进了，还要涨工资。落后的没涨，就会去争先进。争先进的最后结果，我们把钞票发出去了，而且主要发给优秀单位。实行全球 P50（指本公司的职位在本行业、本地区参加薪酬调查的样本企业中所处的位置，如处于 50%，就是 P50。——编者注）标准工资的人员范围应该还要向下覆盖。当公司出现危机时，不是一两百人就能够救公司的。具体如何操作法，扩大到多大规模，我不知道。

华为实行岗位标准工资制后，很少由上级任命、定级，完全由员工按照相关规定自行应聘相关职级，如工作 8 年以上的可以去应聘 16A，工作 6 年的可以去应聘 15B、15A，上级只是负责考核。这杜绝了各种不公平的现象发生。相关职级要求如下：

◆ 能力突出、项目经验丰富、有经理级职务或技术专家，可应聘 18 级。

◆ 工作 10 年或以前担任过部门经理的社招员工（社会招聘人员），17A 以上，并派往海外。

◆ 工作 6 年，能力和技术水平一般，但基本能胜任工作的普通社招员工，给予 15B、15A；如果在原公司是骨干给予 16B、16A。

◆ 社招工作 8 年的普通员工，一般给予 16A 或 17B。

◆ 特招进入华为者，一般给予 17A ～ 18A，并给予签字费、股票。

◆ 原公司若是思科、爱立信、阿朗、诺西等公司正式任命的部门经理（部门主管），则给予等同于华为三级部门主管的级别 19B 或 19A。

◆ 应届本科生最低级别 13C。

◆ 生产线上的操作工 13C 以下。

需要说明一点，签字费就是给跳槽至华为的员工的补偿金以及奋斗者协议奖金。一般为 3 ～ 5 万元。

此外，华为的待遇还体现在技术等级与任职资格挂钩上。上文已经详细解读过，也就是说技术等级是职称，职称是享受待遇等级的。华为规定技术等级 +13= 任职资格，如技术等级 3A，任职资格为 3A+13=16A。这为许多走技术路线的员工提供了同等的待遇。

定岗定薪分配体系建立后，极大地提高了华为人工作的动力，为华为带来了前所未有的繁荣。 ①

员工的职业发展计划

华为给员工准备了职业通道。职业通道是指一个员工的职业发展计划。对企业来说，可以让企业更加了解员工的潜能；对员工来说，可以让员工更加专注于自身未来的发展方向并为之努力。职业通道模式主要分 3 类：单通道模式、双通道模式、多通道模式。

华为最开始的是"五级双通道"，就是将员工的职业发展设计为管理和专业两个基本通道，根据需要，还可以将专业通道再细分为技术、营销、服务与支持、采购、生产、财务、人力资源等（见表 4.2 ），每个通道上又纵向划分出 5 个职业资格等级。这样，对于每一名员工而言，根据自身特长和意愿，既可以选择管理通道发展，也可以选择与自己业务相关的专业通道发展，从而妥善解决了一般企业中"自古华山一条路，万众一心奔仕途"的问题。

每个职位族按照工作内容的复杂程度、所需技能等分成相应的等级。下面是职位族的分级方法（见图 4.6 ）：

---

① 孙科柳 . 华为绩效管理法 [M]. 北京：电子工业出版社，2014

表 4.2 华为职位族初步划分

领导族	专业行政族	营销族	专业技术族		
			研究开发	生产及生产支持	客户服务
总裁 副总裁 主要部门 高级主管	财务会计 人力资源 总务 合同管理 文书行政 管理信息 政府关系	销售 产品管理 市场推广	产品设计 技术管理 基础研究	生产 生产管理 设备 调测 质量管理 物料	售前及售后服务 技术支援 客户培训 安装 现场维修

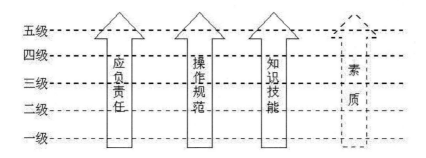

图 4.6 华为职位族五级分类法

"应负责任"是分级的基础，不同的级别有相应的应负责任。级别越高，工作内容越复杂。每一级标准中根据应负责任、工作内容，有相应的操作规范、知识技能、素质等方面的要求。因素质是非显性的，不易发现且难改变，所以在分级时可暂不单独考虑。素质在操作规范中体现。

在华为，到底是管理重要还是技术重要，想必很多华为员工在心里都有过这样的问题。

由于华为在特殊的历史竞争环境中的必然选择，决定了占员工总数 79% 的技术和市场人员是业界最优秀的员工，同时成为产生中层管理者的最佳土壤。从这两部分人群中提拔的干部，从理论上讲，也应该是业界最优秀的管理者，因为内行管理内行。但是实际情况却不是这样。

我们先来看技术人员的管理。懂技术会管理本来应该是华为管理层的优势，但很多管理层有意无意地重技术轻管理。这就导致以下 3 方面的问题：

第一，管事重于管人，眼中只有技术，以解决技术问题代替解决人的问题。员工们经常看到部门主管忙忙碌碌，但团队氛围和业绩却比较差。

第二，由于缺乏科学合理的业务流程，对于下级的技术创新和设想，他们过于依赖于自己的经验。如果超出个人经验范围，避免风险的办法就只有"枪毙"。很多华为的技术员工的离职与此有很大的关系。

第三，是畏惧或困惑于做人的工作，片面地理解管理，将管理简单化。当设立了业务流程之后，就把全部希望寄托在整套的规章制度、流程和电子流上，导致老问题没有解决，而不适当的规章制度、流程和电子流却影响了整体工作效率，限制了员工主动性、创造性的正常发挥，削弱了员工责任感和进取心，导致更多难以解决的问题。

管理第一，技术第二

华为很快认识到了这个问题。在 2000 年，任正非与员工谈话时，有一位员工这样问："华为目标是领先企业，您认为达到这个目标，是应该重视技术还是关注管理多一点？是制度建设重要还是培养职业经理人重要？"

任正非当时的回答是很明确的：

> 所有公司都是管理第一，技术第二。没有一流管理，领先的技术就会退化；有一流管理，即使技术二流也会进步。技术能不能决定公司的命运现在也是个问号。制度建设和职业化经理人并不矛盾。制度建设需要经理人参加，制度贯彻落实也需要经理人参加。我们的管理变革会推进到每个基层部门，每次推进就是一次学习。搞技术的人也要学管理（见图 4.7）。管理的伟大贡献可能就是填好一张表格，执行一段程序。你也不要认为你能干大事，从实事求是的角度起步，你可能就不栽跟斗。

1996 年，华为在华夏基石彭剑锋等 6 位教授的帮助下起草了《华为公司基本法》，帮助华为初步完成了对核心价值观和管理政策的系统思考；从 1998 年起至今，为了适应国际化、全球化经营的要求，华为持续投入十几亿美元，邀请 IBM、埃森哲等多家世界级著名顾问公司，先后实施了 5 大类、几十个管理变革项目，主要是 IT、TCNP、战略规划项目、IPD 项目、集成供应链项目。每一个项目都包含十几个子项目，持续了十几年，直到今天都没有完成。任正非为引进世界先进管理体系的变革提出了"削足适履"，"先僵化、后优化、再固化"的思路。

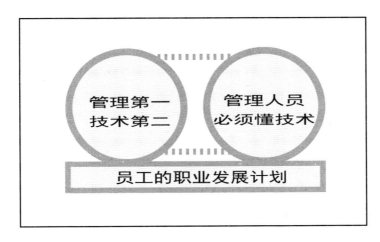

图 4.7　华为员工职业发展计划

华为历经 20 年，花费十数亿美金从西方引进了先进管理经验。任正非号召向"蓝血十杰"学习：

今天我们来回顾走过的历程。我们虽然在管理上已取得了巨大的进步，创造了较高的企业效率，但还没真正认识到这 200 多年来西方工业革命的真谛。我们要学习"蓝血十杰"对数据和事实的科学精神，学习他们从点滴做起，建立现代企业管理体系大厦的职业精神，学习他们敬重市场法则在缜密的调查研究基础上进行决策的理性主义。我们要使各部门、各岗位就其所承担的主要职责（业务管理、财务管理、人员管理）获得集成化的、高效的流程支持，而不是各类流程看似各自都实现了端到端的打通，但到了真正使用流程的部门和岗位那里却是"九龙戏水"，无法配合，效率低下。

管理人员必须懂技术

华为重视管理。然而，华为又是一个建立在技术基础之上的公司，管理不得不涉及技术。曾有员工这样问任正非："不学技术的员工希望在管理道路上走得很远，应如何选择？"

任正非当时的回答是这样的：

不学技术的员工要在管理上走得很远，只能离开华为。因为华为管理不可能离开华为的主流线，管理必须与主流线相关。因此不懂技术就是要努力钻研，钻研程度可以不要很深，但是一定要懂。

不能要求全部员工都学技术，其实文化是多元化的，技能也是多元化的。我们还招了很多小语种的人。但是各位员工一定要懂公司的主流线。大家都具备自学的基础，有学习的条件，要不断加强学习，融入公司的主流线。纯粹学技术的人也要学管理，学管理的人要学技术，相辅相成。

第 5 章

任职资格管理体系
（NVQ）

背景

指导员工自发实现职业路径

实践：从秘书开始试水

结果：泛化到其他岗位

任职资格认证的主要动因，还是希望各自"对照标准，找差距"并作切实改进。

背景

1998 年之前，华为提拔干部的主要方式有两种：火线提拔和因功提拔。火线提拔靠"伯乐"慧眼识英才，所选拔的干部侧重于业务方面，对企业文化的认同和综合素质方面的考核较少。因功提拔按照贡献大小，提拔那些在开拓市场、研发技术方面有重大贡献的人。然而，管理者除了专业特长，更需要的是协调能力、运筹帷幄的能力、处理危机的应变能力等多方面的素质。因此，这两种提拔方式都存在着弊端。

比如 1993 年刚满 20 岁的李一男，刚进入公司就担任万门交换机的研发部负责人，成功后迅速被提拔为副总裁；市场人员则因为开辟"疆土"的需要，在人员短缺时先"封官"后招兵，或者以销售额决定升迁。比如 1992 年，从人民大学毕业后在华为工作两年的张建国，被派到福建设立办事处，当上了办事处主任。两年后，他又被升为营销副总裁。但张建国当时还根本不明白如何管理销售人员，之后为了制定《华为公司基本法》，才补了若干年的管理课。由此看来，华为初期的人力资源管理体系实际上是一种简单的"赏罚体系"，其特征是机会主义、人为因素和不确定性。这种状态一直持续到 1995 年。[①]

随着华为的发展，任正非也逐渐认识到了这一问题。任正非在其文章《不做昙花一现的英雄》中写道：

> 前些年，由于快速的发展，我们提拔了很多人，在当时犯了"乔太守乱点鸳鸯谱"的错误，并不是我们选拔的所有干部都合乎科学的管理规律。因此，一定要把任职资格的工作扎扎实实做到底，争取在 3 ～ 5 年内形成自己的合理制度。这样，公司就有了生存下去的希望。

1996 年，随着华为自主开发的 C&C08 交换机市场地位的提升，华为的年度销售额达到了 26 亿元。这标志着华为结束了以代理销售为主要赢利模式的创业期，进入了高速发展阶段。但随着生产规模和员工队伍的迅速膨胀，华为的管理层次不断增加。人数多了，工作效率却没有相应地提高，一个原因是一些工作如秘书岗位的工作多是重复性劳动，而华为即便是秘书都是高学历招进来的。时间长了，秘书们积极性就下降了；另一个原因，也是最关键的，就是当时华为还没有一个评价标准对员工进行评估、判断。员工们不知道做到

---

① 程东升，刘丽丽．华为真相［M］北京：当代中国出版社，2003

什么程度才是合格的，什么程度才是好的。

从 1997 年开始，中英两国政府在职业资格证书制度方面展开合作。劳动保障部和英国文化委员会是中英合作项目的执行单位。在项目执行过程中，劳动保障部曾组团赴英，对英国的 NVQ（National Vocational Qualification，国家职业资格证书）制度进行了深入考察和研究。1997 年，中英双方首先在华为和北京外企服务总公司，开展了引进英国 NVQ 文秘（行政管理）职业标准体系及其考评技术的试点。

就在那一年，时任华为人力资源总裁的张建国就与劳动部官员一起去英国学习、考察劳动技能资格认证。在考察中，张建国发现，久负盛名的英国 NVQ 企业行政管理资格认证并非徒有虚名。在欧洲的巨头企业中，NVQ 管理体系涵盖了所有职业，从办公室文员到经理甚至公司总裁，所需的所有技能和知识层次都做了详细规定，每个级别反映了实际工作中该级别所需的知识和能力以及在工作中所负的责任和拥有的权利。

更重要的是，NVQ 管理体系已经为国际社会所认可，通过这套体系完全可以解决员工的职业发展问题，而且能极大地促进员工的积极性。因此，张建国决定将异国的 NVQ 管理体系搬到华为来。

指导员工自发实现职业路径

有人问在华为，什么样的人才能够脱颖而出？在华为竞争上岗的基本条件是任职资格，这就导致任何一个岗位都会有 3 ～ 4 个达到任职资格的人等在这个地方。这就是任正非提出的"饿狼逼饱狼"略策，它告诉华为员工你在这个岗位上必须好好干，否则马上就有接替者。

任职资格反映的是从事各类工作的能力。它的特点是，基于工作内容，并以完成工作内容为目的的行为规范及标准。也就是说，要获得一定的任职资格，必须按照所要求的行为规范完成岗位要求的工作内容。它的目的是保证工作质量，有助于员工培训，明确员工需要掌握的知识范围及能力标准（见图 5.1）。以前，很多公司是根据工作任务或职责来估计员工需要掌握的知识和技能，并进行相应的培训，这样就导致二者之间的较大差异。

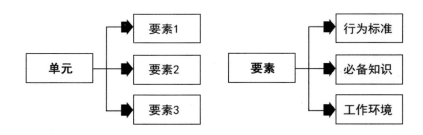

图 5.1 NVQ 的标准结构

任职资格就是在二者之间搭起一座桥梁，明确完成工作任务需要的行为规范是什么，员工要达到这一行为规范需要哪些必备知识与技能。根据行为规范对员工的工作行为进行评估，就可了解员工还需要掌握哪些必备知识和技能（见图 5.2）。

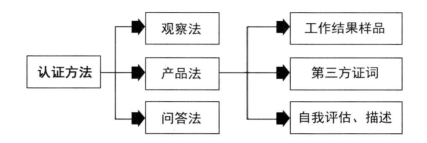

图 5.2　NVQ 的考评方法

员工任职资格方法

采用员工任职资格这一方法的好处有以下几点：

建立员工职业发展通道，促进员工进行有效培训和自我提高。

根据合益集团的思想，一个员工的职业发展模型如下（见图 5.3）：

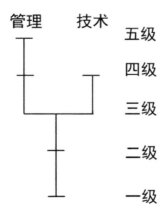

图 5.3 华为员工职业发展模型

员工在刚参加工作时，首先从事专业工作，当专业水平达到一定水准才有可能进入管理通道，这是对管理者的基本要求。也有一些人在技术通道中继续晋升，可达到技术四级或五级。因此，可以把管理类任职资格分为 3 个级别。为了与技术类级别相对应，管理类 3 个级别分别称之为管理三级、管理四级、管理五级。

管理三级是进入管理通道的最初一级。这个级别管理的部门和人员比较少，大部分工作还是专业技术和技术管理，与技术类第三级的工作内容很接近，因为达到第三级的技术人员也要带一些助手，策划整个开发组的技术方案等。所以，管理三级是进入管理通道的过渡级别。管理四级相当于公司二级部门管理职位的要求，管理五级相当于公司级管理职位的要求（见图 5.4）。

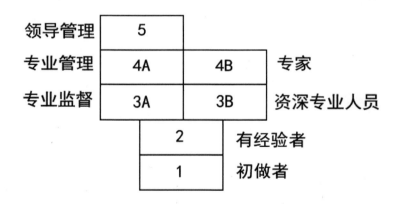

图 5.4 华为管理与技术 5 个职级

最初华为建立了管理和技术两大通道，现在则是管理、技术和项目管理 3 大通道，每一个通道又划分为若干等级。比如，如果你想当人事经理，就必须达到这一专业通道层次的几级任职资格。任职资格跟绩效有关系，只有连续 3 年绩效达到 12 分，你才有资格申请更高一级职位。这些都是环环相扣的。

促进专业化工作的规范化、标准化，提高专业人员的职业化水平。华为的专业人员一般分为 6 个等级，一级最低，六级最高。每个职级都有相应的职业资格标准，且每个级别对应一套技能结构，一个职级大概有 4 ~ 6 项技能结构。

比如，作为一个销售人员，应该具备信息收集、产品知识、项目管理和影响力等几项技能。那么，从一级向二级晋升时，他会非常明确自己应该在哪些方面学习和提高。这是知识分子自我管理的路径设定。

华为的任职资格体系其实是总结提炼出最有价值的经验，形成了一套标准化的、可复制的模板。这标志着华为已从经营人才的企业转向经营知识的企业。

尽管借鉴了英国 NVQ，但华为的这套体系是自己开发出来的，因为每一个职级都不一样。当时，为开发这套体系，华为花了很多时间。比如，销售人员的任职资格体系，是人力资源部 6 个人花了半年时间写出来的。3 人一组，到各班组里面去待了 3 个月，天天和销售人员吃在一起，住在一起，把他们的行为全部记录了下来。

华为成功实施了任职资格制度。这一制度涉及的岗位包括 5 大族，51 类，几百个子类，基本上所有的岗位都有任职资格标准。任职资格的目的是，引导有水平的人做实，让做实的人提高水平。通过学习、磨练慢慢培养既有水平又能做实的人。

这套标准会告诉你，在这个岗位上，要想做出业绩来，关键的行为是什么、需要的素质是哪些、要掌握的知识技能是哪些。一个华为人要想在职业生涯中获得提升，必须按照这个标准来做。通常情况下，华为的任职资格一年认证一次，半年复核一次。这其实是华为人的自我管理——你按照你自己的标准去学习、去做，不需要主管或者公司的其他人来督促你。这是自我管理机制里非常重要的一点。

举例来说，华为的软件工程师可以从一级开始做到九级，九级相当于副总裁的级别，享受同一级别待遇。新员工进来之后，如何向更高级别发展，怎么知道差距？华为有明确的制度，比如一级标准是写万行代码，做过什么类型的产品等，有量化、明确的要求。员工可以根据这个标准进行自检。比如：我的 C 语言能力差，便可以通过 iLearning 平台学习，或在工作中有意识地学习和积累。通过一段时间的实践学习，达到了一级的水平。接下来，可以向二级的标准进发。这就是对任职资格的管理。

任职资格管理的意义在于，它具有镜子作用，照出自己的问题；尺子作用，量出与标准的差距；梯子作用，知道自己该往什么方向发展和努力；驾照作用，有新的岗位了，便可以应聘相应职位。这种透明的机制，能不牵引员工主动向上学习吗？

明确专业资格要求，对专业人员进行合理有效配置。曾有员工向任正非提问："当公司的一个产品进入后期，但由于市场原因，可能需要长期维护这个产品。我就是这样一个产品维护的技术骨干，部门要给我一个'维护专家'的称号。作为这样一个专家，未来的发展方向在哪里？"

任正非的回答是：

作为一个维护专家，你很光荣。专家专家，就是懂一两点是专家，懂得很多就不叫专家了。维护专家是产品生命周期中的一种现象，在这个过程中总会出现一些维护专家。

维护专家的前途在哪里？有两个前途，一个就是继续做维护专家，帮我们守住这个阵地，守到 20 年，占住这个位置，全中国就你一号种子，这是你的拿手绝活。或者你守不了 20 年，只能守一两年，那你就培养一个接班人。如果你的接班人能够接过你原来维护专家的班，你就可以努力学新技术、新产品，就可以走入新的产品领域成为新的专家。新的领域很广阔，随你怎么跃。

另一个前途是，如果在守着这个产品的过程中，感觉到个人技术水平在慢慢退化，不可能在新的技术上赶上新的成员，那么你可以横向学习管理，逐步走上管理岗位。管理岗位主要要求懂管理，并不要求技术精通到专家水平。

专家有大有小，小的也是专家。因此，如果这么看问题，你的出路是有的。你要努力学习，好好规划自己的人生。

为晋升、薪酬等人力资源管理工作提供重要依据。民营企业最大的问题就是一个萝卜一个坑，老板总觉得自己没有后续人才，其实是人才储备体系出了问题。又有人提出，说如果一个人天天参加学习培训，但业绩不行，行不行？这是现在很多民营企业的通病，闲人就去培训，越忙的人越抽不出时间培训。华为则不然。要想参加任职资格培训，有一个前提条件是，绩效考核一共 15 分，必须达到 12 分以上。这就避免有的人一味提升能力，却没有业绩。这就把绩效、能力、岗位这几样东西打通了。现在，很多企业考核任职资格、绩效、培训时，都是各干各的不配套，华为则是责、权、利、能四位一体。①

干部任职资格认证方法

华为 1987 年成立，1988 年仅 14 人，1991 年 20 多人，1995 年 800 多人，1997 年 5600 人，1999 年 15000 人，2003 年 22000 人。员工数量的急速膨胀，需要大批管理人才、技术骨干充实到领导岗位上去。于是，当时升职、加薪现象很普遍，造就了很多"火线入党"式的企业管理人员（华为员工平均年龄为 27 岁）。

这就如同战争年代军官的升级一样，战时对军官需求量大，而军官的素质和能力在战争中也更容易表现出来，因此晋升军衔就比较容易；而和平时期则需要很多任职经验、培训和考验才有可能晋升。比如，很多国家战时的军衔与平时是不同的。战时，一个人如果晋升到上校军衔，战争结束后如继续从军则可能降到少校军衔。

早期的华为，可能由于某研发人员某一项技术突破，阶段性地提高了公司的市场份额，而让其职位"突飞猛进"。

如何解决这个问题呢？要逐渐杜绝"火线上岗"的做法，在提拔和晋升人员时，必须严格按照任职资格来进行，保证管理、技术

---

① 彭剑峰.任正非：华为人才非常之道［J］.中国经济时报，2013

级别评定的严肃性，同时加强对员工的意识引导。只有这样，华为的岗位流动和晋升过程才是有序的。

　　随着华为不断走向国际化，对领导干部的数量和质量要求也越来越高。华为试图通过对管理人员的管理来推动整个公司的运作。为此，华为开始从内部培养领导干部，而任职资格体系则为领导干部队伍的建设提供了科学的评价依据。

　　干部任职资格认证方法是通过如下流程来进行的（见图5.5）：

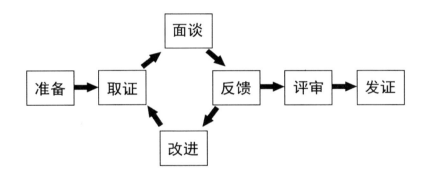

图 5.5 华为干部任职资格认证流程图

实践：从秘书开始试水

　　1998 年，华为引进了久负盛名的英国 NVQ 企业行政管理资格认证，尝试先在秘书部门建立任职资格认证体系，建立文秘行为规范。

　　从 1998 年开始，华为与 NVQ（英国国家职业资格委员会）合作，在公司推行任职资格制度，希望逐步实现制度化的新老更替。在这里所说的制度主要包括职业发展通道、任职资格标准和资格认证3大部分。其中，"五级双通道"的职业发展通道模型，使得华为的所有员工，不仅可以通过管理职位的晋升获得发展，也可以通过选择与自己业务相关的营销、技术等专业通道发展。对于每条通道的不同级别，华为都设立了相应的资格标准。原则上，每隔两年对员工进行一次职位资格认证。公司根据认证结果，决定是继续留任、晋升，还是降级使用。

虽然有了任职资格的制度文本，但制度在推行时，效果却不能令人满意。首先，制度体系比较复杂，以中级管理者为例，资格认证标准包括5个基本模块，每个模块又有若干个行为标准。这样，认证需要花费的时间和投入的精力都非常之大，每个部门需要几周的时间才能认证完毕；其次，资格认证需要基础数据系统的支持，需要认证者具有良好的职业素质，否则，最终的认证结果可能与任职者的实际水平不相符合。

但从整体看，这套认证体系对促进员工职业技能和素质的提高意义重大，如果就此搁置会非常可惜。因此，任正非特别派华为副总裁张建国专门到英国学习职业资格认证，之后主要针对文秘人员，在华为开展了企业行政管理资格认证。

在刚开始参加单元考核时，一些秘书觉得非常简单，不知考核的目的何在。经过深入学习，华为秘书人员逐步认识到：工作效率的提高是建立在有序工作之上的，任职资格认证正是提供了建立工作秩序的帮助；要处理好例行公事之外的工作，需要有思路。资格认证正是提供一个思路、一个想法，帮助工作人员寻找处理问题的共性；

要提高工作效率，必须建立一种逻辑思维上的顺序。而任职资格认证的思路就是建立一个文秘行为规范以及达到这一规范的机制。

在学习的同时，华为人力资源部依照英国 NVQ 企业行政管理标准体系建设公司人事管理和人员培训平台，确定了文秘工作规范化和职业化的目标，并根据公司自己的实际情况修订和细化了文秘资格标准，建立了一套符合华为实际的具有多个级别和任职资格的考评体系。

华为推行的这套职业资格认证对秘书的考评一共分 5 级，第一级就是会打字，会使用基本的办公软件等；第二级能够安排会议，当达到第五级时，也就完全具备了一个部门经理的水平。根据这样的职业化制度，每年都对秘书进行考核、分级。任职资格认证的思路就是建立一个文秘行为规范以及达到这一规范的机制。

在几个月的单元考评后，一些秘书感觉自己好像被一个具备全面素质的优秀秘书指引着工作一样。考评中对照文秘标准来检查自己的工作，有差距时会感到自责或恍然大悟，达到标准要求时会感到一种满足。在这个过程中，考评员的最大作用是帮助被考评者早日达标，而不是要把他"考倒"，从而使员工在考评过程中能够比较自如、正常地发挥自己的能力。

另外，华为还承诺考评合格的申请人可以获得由中英机构联合颁发的国际职业资格证书，该证书可以得到社会的认可。对员工来说，这也是对他们自身价值的认可。为保证考评工作的质量，华为在试点工作中根据英国 NVQ 体系的要求实行了内外部督考的制度。通过督考工作，华为以推动员工达标为共同目标，上下协调一致，促进了公司各管理层之间以及上下级之间关系的改善。

一年后，在普考阶段，参加考评的华为秘书就达到了300多人，完成一级考评的人数达180人。考评优秀的秘书可以到市场部锻炼，也可以获得逐步的提升。这样一来，秘书的职业发展通道就完全被打通了。

通过运用英国NVQ企业行政管理体系的考评，华为员工的工作主动性和有效的工作成果得到认可，在考评的过程实现了员工的自我培训和自我提高，极大地促进了员工素质和工作效率的提高，调动了他们的工作热情。资格认证的过程，充分体现了与客观标准比较的相对公正性，而任职资格制度的不断修改完善，也是企业实现制度化新老接替所必须经过的一个过程。

华为公司的领导曾经在一次秘书颁奖大会中说：

> 在公司，在秘书岗位上做到高级行政助理，职级可以达到19级，相当于国内有些代表处代表的职级。公司秘书体系的职业通道已经畅通起来，其待遇与公司其他相同职级的待遇是一样的。今后，我们的秘书队伍中，将全部是已经结婚生育、小孩上了幼儿园的人……很多海外高层客户，他们的秘书（助理）都是年龄很大、在这个岗位上干了很多年的人。他们的经验和职业化能够支撑主管更好地开展工作。

这次任职资格尝试获得了巨大成功，不仅解决了秘书的职业发展通道问题，极大地促进了秘书们的积极性，也大大提高了华为秘书部门的工作效率。比如，华为的 1 个秘书甚至相当于其他公司 3 个秘书的效率。

结果：泛化到其他岗位

任正非说：

大家知道，我们现在推行英国的任职资格体系，但是这个体系是一个僵化的体系。英国这个国家，法律管制和企业管理条例是非常规范化的，在世界上也应该是高水平的。你看看曾经的英属殖民地，像新加坡呀、香港呀，发展都很好，都是源于其周密的、全面的法制环境与建设。英国的任职资格体系虽然是个非常好的体系，但缺少生命活力。我们已经把美国合益集团的这个薪酬体系控制制度引入任职资格体系，希望各级干部按照这个标准去比照比照自己，看看自己到底适不适合这个岗位。我们最近考评了很多五级干部。仅用三级的标准考评他们，他们就满头大汗，感到三级太难考了。他们问咋办？我说，给你 3 年时间，还是要达到五级，你自己去努力补这个课。3 年以后，如果有一大批达到标准，我们就可以制度化。所以，我们高级副总裁一级的任命，只有两年有效期。所以，我们确定的干部路线是从我们自己队伍中尽快产生干部，就是要在实践中培养和选拔干部，要通过"小改进、大奖励"来提升干部的素质。当你看到自己的本领提升，对你一生都有巨大意义，你才知道奖金是轻飘飘的了。另外，你才知道你后头的人生命运才是最关键的。

我们确定了要自力更生，从自己的队伍里来培养和选拔干部，但我们并不排斥外来的帮助。大家知道，Tower公司现在给我们做顾问，IBM公司正在全面充当我们的管理顾问。他们带来了很多好思想、好方法，经过我们消化以后，经过一次培训、两次培训、三次培训以后，我们就慢慢地传播到基层去。

以下是华为NVQ项目的进程：

◆ 1997年，国家劳动部将华为确定为中英合作项目NVQ在中国的试点单位。
◆ 1997年12月，孙亚芳、张建国等赴英国接受培训。
◆ 1998年年初，任职资格工作启动。
◆ 1998～1999年任职资格标准建立。
◆ 1999～2000年进行任职资格认证。
◆ 2000年7月结果应用。

在《商界评论》上，北大纵横咨询顾问陈颖对华为的资格认证体系有过细致的描述："华为还建立了资格认证部，组织培训专门人员负责考评工作，同时还带动了公司员工的培训工作。秘书问题解

决后，人力资源部成立了两个任职资格研究小组，每组 3 人，开始
制定其他人员的任职资格体系。紧接着，华为正式成立了任职资格
管理部，对各个岗位设立相应的任职资格标准。为了使员工不断提
高自身工作能力和价值，有一个更大更广的发展空间，任职资格管
理部设计了管理与专业技术双重职业发展通道。在华为，6 个培训
中心统统归属于任职资格管理部之下。许多企业都为之头痛的培训
无效问题，往往是由于缺少任职资格体系，无法得知'现有'和'应
有'的差距。

"而在华为，有了任职资格体系，从某一级升到上一级，需要
提高的能力一目了然，培训便具有针对性。任职资格标准牵引推动，
培训体系支持配合，强调开发功能，真正解决员工职业发展问题。"

为了让各部门的员工认真对待这样的管理变革，任正非还在一
篇名为《不做昙花一现的英雄》文章里这样写道：

任职资格的推行不是机械唯物主义的、形而上学的推行，
而是真正达到管理进步的真正意义上的推行。

第一，世界上最难的改革是革自己的命。考核与薪酬体
系是全世界最难的一项企业管理命题。在管理变革中，有个
三段论：

触及自己的灵魂是最痛苦的。必须自己批判自己。

别人革自己的命，比自己革自己的命还要困难。要允许别人批评。

面子是无能者维护自己的盾牌。优秀的儿女，追求的是真理，
而不是面子。只有不要脸的人，才会成为成功的人。要脱胎换骨

成为真人（见图 5.6）。

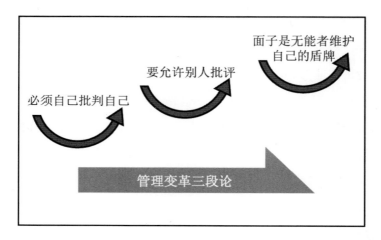

图 5.6 管理变革三段论

管理中的这个三段论很重要，一是要自己批判自己，二是要允许别人批判自己，最后是不要太要脸面，而要讲求真理。

第二，企业通过任职资格来体现企业对员工的阶段性评价。

华为公司不是等待目标已经实现以后再予以评价，而是在发展过程中进行评价，这使评价的准确性更加困难。当一件事情做完了来对它评价，是很容易的；当一件事情做了一半来对它评价是很难准确的。我们能等到事情全部做出来以后再作评价吗？那是不行的。我们只有在事物的发展过程中进行评价。

评价是通过人作出来的，尽管委员会的委员们很公正，但他们也是人，也是活生生、有血有肉的人，也难以摆脱个人对事物、问题的认识的局限性。因此不可能做到所有的评价让人人都满意。企业要迅速发展，不能等待事事有结果之后再实行盖棺论定，每一阶段的评定必有不正确的地方。我们要求各级部门要尽量公平、公正，但我们更要求干部要能上能下，工资要能升能降，要正确对待自己，也要受得了委屈。如果不能做到，企业必定死亡。

第三，一定要把任职资格的工作扎扎实实做到底，先推行，后平冤，再优化，3～5 年内形成自己的合理制度。这样，我们公司就有了生存下去的希望。

我想，在推行任职资格的过程中，肯定会遇到重重阻力，但这个体系一定要坚持下去的。那种对人的评价靠感性地评一评、估一估的时代已不能再持续下去了。对人的评价靠"蒙一蒙""估一估"，定位的准确性是不高的，这对我们今后的发展会造成更大阻力，这样会挫伤优秀员工的积极性，同时保护了一些落后员工。所以，要坚决推行干部任职资格体系。当然，外国的先进管理体系要结合华为公司的具体情况，不能教条主义。在一种制度向一种制度转换过程中，新鞋总是有些夹脚的，也可能挫伤一部分同志的积极性。我们的方法是坚决推行已经建立好的任职资格管理体系，然后再个案处理个别受冤屈的同志，然后展开全面优化，使发达国家著名公司的先进管理办法，与我们的实践结合起来，形成制度。

在 2000 年撰写的《华为的冬天》中，任正非再次提到"任职资格"。通过这一点，足见他将这一制度看成是华为实施"小改进、大奖励"的一个具体内容，也是华为实现有序管理、无为而治的一个重要依据。他说道：

> 我们要坚定不移地继续推行任职资格管理制度。只有这样才能改变过去的评价的"蒙""估"状态，才会使有贡献、有责任心的人尽快成长起来。激励机制要有利于公司核心竞争力战略的全面展开，也要有利于近期核心竞争力的不断增长。

通过任职资格标准的牵引和培训学习的推动，华为将员工的职业能力向着世界级企业所达到的高度推进。

通过资格认证，将员工的能力与标准进行比较，从中发现差距，从而进行系统的、有针对性的培养。任职资格管理制度正式推行后，华为所有管理人员都必须"持证上岗"，一般级别的管理人员要晋升到部门总监职位，必须达到四级管理者任职资格标准；而要担任公司副总裁以上职位，就必须达到五级管理者任职资格标准。这就促使所有华为人衡量自己的职业能力与任职资格标准之间的差距，不断缩小差距。

IBM 顾问的华为之旅

华为与 IBM 自 1998年开展管理咨询合作项目以来，双方投入了大量的人力、物力和财力。从小项目开始，逐步向大项目、核心管理流程变革推进，尤其是通过 IPD和 ISC项目，IBM顾问们为华为走向国际化发挥了巨大作用。虽然前期合作项目已成功告一段落，但双方新的IFS项目、领导力发展等项目也已经展开。

Arleta Chen女士在 IBM任职 23年，1998年到 2003年负责华为与 IBM合作的顾问项目，拥有丰富的管理经验和深厚的专业知识。本报记者专门电话采访了她，就华为的管理变革过程和经验进行回顾总结，以飨读者。

合作项目回顾

IBM从 1991年开始推出顾问服务，我是早期加入顾问行业的人之一。起初，我们只在香港开展顾问工作。1998年，我们广州区的经理说在深圳有家客户，希望得到 IBM的服务，这家公司就是华为。那时候我就去见了华为的孙总和郑宝用副总。双方的合作是从小的项目开始的，最初是一个叫"IT S&P"的项目，即 IT 策略与规划，还有一个采购项目，进行了三四个月时间。

1999年，华为启动两大重点变革项目：1999年 3月以 IPD重整研发的管理及流程，年底又启动了 ISC项目来提高供应链的效率。2000～ 2002年，我们还帮助华为在 IT方面做系统集成中心、数据中心以及网络研究等重点项目。2002年开始，我们更关注组织及人才培训，与美智公司合作开展了组织研究项目，与华为大学合作领导力发展项目。从 2000年到 2003年还成立了 Project Office来管理协调所有的项目。一直持续到 2003年，所有的项目都告一段落。从 1998～ 2003年，我是 IBM在华为所有项目的负责人，与华为的高层保持日常沟通，听取他们的要求，提升服务质量及客户满意度，并管理 IBM的顾问，同时我也在华为 IPD/ISC项目中担任顾问。

1998～ 2003年，项目的进度都大致按计划完成，这很不容易。

这么多年来，顾问们的表现，我认为大致都是很好的。中间若有不能适应或表现未能达到理想的顾问，我们会主动更换；如果华为提出更换顾问，我们也会进行核实并调整。但是，顾问的作用，很难从单一的方面和单一的个人来评价。我们要发挥团队的能力，而不是看某一个人的贡献。尤其因为华为要的不只是一套方法 /流程，更需要实践经验。这要靠一个整齐的团队而不是一两个人。如果一个人的能力很好，但不与他人合作，团队整体输出的结果肯定也不会好。

2008年 2月 29日，华为举行了 IBM优秀顾问的答谢宴会。在晚会上，我深受感动。因为在 IBM的 23年生涯里，我有 6年的时间在华为工作，对华为已经产生了深厚的感情。在华为进行这些顾问项目时，我们团队最多达到 270人，平时也有 20～ 30人，过半顾问来自其他国家，尤其是美国。我们一路走来，其中有很多问题、各种因素影响着项目的进程。每个项目里的人都有不同背景、不同目的、不同价值观、不同做事方法、不同沟通方法，要时间来磨合才能慢慢合作。项目以外也有很多环境因素影响着项目的进程。我们是两国中相当有名的公司。从大的方面讲，IBM很关注员工的安全问题，当某宗国际事件被认为会影响两国关系时，美国来的顾问是否要撤离？如果顾问撤离项目该怎么办？怎么安排撤离？我要考虑这些问题，常常难以取舍。从小的方面讲，这么多外籍人士在中国的衣、食、住、行怎么安排？如果生病不舒服要住院，又怎么办？尽管都是很伤脑筋的事，但因为华为人和 IBM顾问们的良好合作关系，双方共同面对，走过来虽然不容易，但确实使我感到非常欣慰。

另一方面，我看到华为这些年在逐渐成长。1998年，大家还不了解华为，开工时我们请华为介绍一下组织机构，看到组织图都画得有点乱；而现在去新展厅看看，展板上的介绍、图示、标识等方式都进步很大。当华为还在南山科技园时，我们也参观过那里的展厅。当时，我们看到和听到这样的介绍：华为跟西方某某公司合作开发什么产品，华为为能与他们合作而感到自豪；而现在，华为是自己开发产品，提供技术来让别人去做。当然，这些进步是否是 IPD的功劳我不敢说，但我真的感觉它跟以前完全不一样了。因此，我非常感动。

1998～2003年，这段变革过程不会轻易从我记忆中淡忘。特别感动我的是无论IBM或华为的人都付出不少。IBM顾问都离乡背井，长期在这里做项目；华为的人愿意离开很有前途的岗位出来做项目，项目完了还不知会派到哪里去。现在，看到华为公司在全球电讯市场的成绩和华为人的成长，就觉得我们所有参与者多年的心血并没有白费。

面对挑战，改变自己

在与华为合作项目期间，在与华为各级员工和主管的沟通中，我印象最深的是：华为人非常好学，很多事情都问得非常细，看得出是发自内心的渴望。华为人特别年轻，像孩子似的，有很强的好奇心，什么都想学，却不知道学到的在实际中不一定适用。有时，他们给人的感觉是为了学而学，因为有些东西是有其使用环境的，离开了特定的环境，其功效也会改变，重点是要先明白其中的道理。或许，也有人想多学点，使自己今后更具有竞争力，但还是要思考一下，该学习什么？哪个更重要一些？学习是好的，但在某程度上，我们不能仅仅为了个人，而应该重点学习应用得上的。

为华为提供服务的顾问有两类，一类是专职顾问，对策略、方法、流程有深刻的认识；一类是实际从业者，有丰富的实践经验。一些华为同事对待IBM顾问，也是有倾向性的，他们更喜欢 IBM从事业务工作的、有实践经验的项目人员，认为可以很快地学习他们的经验，效果更明显。而对于专职的顾问，大家却不太喜欢，认为顾问不如实际从业者，不能迅速产生输出。每人的经验都不同，没有哪个重要不重要，因为他们擅长的东西不一样。比如，顾问一般沟通能力、表达能力比较好，可以说清楚怎么做以及为什么要这样做；而实际从业者和具体实施的人，则对实际情况熟悉，但对为什么这样做却不一定很深入地理解。两类顾问如何彼此很好地配合，并且能发挥作用，确实是最难的。我们需要两方面的人合作，不要分彼此。

任总多次说过，要重视流程：企业的人是会流动、会变的，但流程和规范会留在华为。必须有一套机制，无论谁在管理公司，这种机制不因人而变。但是流程本身是死的，而使用它的人是活的，需要人对流程的深入理解。而对流程了解比较多的是管理者，只有他们而不是基层人员，才清楚为什么这样设定流程。IPD流程本身不是最有价值的，它的管理理念才最有价值。华为的各级管理者如何管理 IPD，其理念如何，是要大家去体会和学习的。如果人不改变，流程就是没有用的，就不能深刻理解任总讲话的真实含义。所以，要先看自己是否愿意改变？如果不改，顾问也都不上忙。

坦诚沟通，彼此合作

开展变革项目，对华为和IBM双方都是挑战。最大的挑战是找到对的人。以顾问来说，不仅要具有丰富的经验，还需要具有良好的沟通能力，肯教，有正确的态度，更重要的是能与团队合作。找对人是项目最难但也是成功的最大因素。IBM和华为选择什么样的项目人员都很重要。另一大挑战是建立团队。项目成员来自五湖四海，背景不同，要大家齐心、互相帮忙，谈何容易。

项目中自然会存在问题。有些是外在的，比如时间压力，人力不足。这些还是比较容易克服的。最难的是 IBM顾问和华为人之间的合作，双方应该是共赢的思路。

项目持续时间会很长，项目组要振作起来，对项目的热情不减少。可怎么能够不厌倦呢？从上到下要不断鼓励，像对其他岗位一样进行正面鼓励。尤其是高层，只要一句话，影响力就很大，但不能只说一次两次，需要持续不断地激励。另一重要的鼓励就是让大家看见工作的成果。团队要有精神力量，关键在于主管要有鼓励团队的实际行动。在过去的项目中，华为还是有这样的好主管的，但还需要更多。

建议同时也要关注员工从项目组出来后怎么发挥他们的作用。华为选择优秀员工进入项目组，但是大家也会看项目组成员出来后又去了什么岗位，未来发展怎样等。否则，候选人会犹豫，为什么自己要离开现在得心应手的岗位参加项目组。华为员工比较年轻，会比较多地关注职业发展和未来的前途。IBM员工也同样如此，只是我们的顾问大多年纪比较大，接近退休，所以这方面的担心会少一些。

目前，华为与 IBM依然有重要的顾问合作项目：IFS项目、领导力发展项目等。对未来的合作，华为员工和IBM顾问要互相体谅，坦诚沟通，彼此合作。项目一定是双赢或双输的，能看到这点就会有正确的态度。这样，双方才能推进项目获得成功。

总结经验，传承与发展

这次开 IBM顾问答谢会，我被重新邀请回来。回忆在华为工作期间，最令我愉快的是看见华为人的成长，有点遗憾的是看见有些好人才没能发挥所学，经验未见得以累积。经验也是我们宝贵的财富。面对公司的重点项目，可以请教经历变革项目的关键人员，总结我们当年的经验是什么，提炼出所学的东西。IBM有 270位顾问曾经在华为工作，华为方面也有更多的人参与，可能接近 1000人吧。今天，他们在华为有没有真正发挥作用？不仅仅是关于项目的知识，做项目时如何解决困难，如何处理人际上的摩擦都是非常宝贵的经验。做项目的人，其实学到的东西最多，但现在他们很多都换岗了，有点可惜。他们应好好计划一下，保存经验，再利用到其他项目上。我们在项目中工作过、学到东西的人也应该主动好好总结，交流一下。没有提炼，就没有经验，更不用说继承和进步。

现在的合作项目，华为参与的人不同了，IBM也换了人。表彰旧人无疑有助于鼓励新人，也可以组织些小会，不必人多，请新人旧人一起，分享议题；对于现存的问题，也可请旧人来谈谈自己的观点，可能不一定有答案，最重要的是心态和思考角度的调整。我们过去奉献身心做好变革项目，诚愿前人的这份精神能感染今天的项目成员。

现在，华为的业务已经开展到了这么多国家，每个国家的分支机构都是一个小华为，如何管理？我们已经不是一个纯粹的中国公司了，要变为一个真正的国际化公司，向前跨一大步。华为今天有决心在通信行业成为最佳领跑者，提供全方位的解决方案，并集成在一起。在这方面，华为是有优势的。公司的领导层有决心，而且有谦虚的心，这是其成功的一大秘诀。

过去，我们付出艰苦努力走过来了。让我们传承这精神，迈向努力赚来的美好前途。

顾问简介：

Arleta Chen女士在 IBM任职 23年，在 IBM先后从事过行销、客户服务等工作。1998～2003年，她负责华为与 IBM合作的顾问项目，2005年年底退休。她在 IBM最后的职位是大中华区全球服务部的策略、营销、运作执行长。

（本文摘编自《点燃激情，全身投入到新的变革之旅》，作者：Arleta Chen；来源：华为人，2008）

第 6 章

业务流程变革：集成产品开发（IPD）

华为每年将销售额的 10% 投入产品开发，但是研发费用浪费比例和产品开发周期仍然是业界最佳水平的两倍以上。华为销售额虽然连年增长，但产品的毛利率却逐年下降，人均效益只有思科、IBM 等企业的 1/3 ～ 1/6。能够取得今天的成就，可以说是华为人牺牲了个人时间，加班加点赶出来的。"我们没有时间将事情一次性做好，却总有时间将事情一做再做！"这是华为人对自己真实的评价。

起因

1997 年，华为在战略管理和项目管理之间矛盾重重。华为在中国市场得以成功一个非常重要的原因，就是依靠"狼性"，即敏锐的嗅觉来把握市场需求并迅速推出产品。但是，华为的技术人员重功能开发、轻产品的可靠性和服务质量。因此，开发出来的产品到了市场上之后，许多问题一下子就暴露出来了。

在 1999 年之前，华为已经开始出现了"增产不增收"的效益递减现象。过去 10 年间，华为之所以能够在与国际对手的竞争中发展起来，主要依靠两个方面的比较优势：一是人力资源的成本优势；

二是基于中国市场特点的营销能力。相对的成本优势也是绝大多数中国企业在参与国际竞争中的基本优势。

对于还未完全结束粗放型经营的华为来说，其开发的产品中有相当一部分是极端复杂的大型产品系统，如 C&C08 交换机、GSM（Global System for Mobile Communication，全球移动通信系统）、数据通信、WCDMA（Wideband Code Division Multiple Access，一种 3G 蜂窝网络）等，其软件规模均超过了千万行代码，由分布在不同领域里的数千名开发人员历时 2 ~ 3 年方能完成。要管理和协调这么一支庞大的开发团队，保证千万行代码不出现差错，不仅需要超人的智慧，更需要一种有效的管理策略。

在华为的发展历程中，有一次惨痛教训是华为人永远忘不掉的。

1992 年，郑宝用带领着十几个开发人员，准备开发局用机。当时，华为只有开发模拟空分用户机的经验，对开发局用机则一无所知，于是，就决定开发模拟空分局用交换机，并命名为 JK1000。

1990 年，中国的固定电话普及率只有 1.1%，排名世界 113 位。1992 年，华为预测，按照中国电信产业的总体目标，2000 年固定电话普及率为 5% ~ 6%。因此，先进的数字程控交换机在中国不适用。

结果，事实并非如此。到 2000 年时，中国固定电话普及率比预想的数据高出 10 倍之多，这注定了 JK1000 的命运。

1993 年年初，在华为投入了全部的开发力量和巨额的开发费用后，JK1000 成功问世，并在 5 月份获得了国家邮电部的入网证书。在市场推广上，华为也志在必得。

然而，在 1993 年年底，数字程控技术得到普及，华为的JK1000 空分交换机刚推出就面临了没有市场的危险局面。很快，市场便被数字程控交换机取代了。

这次惨痛的经历让任正非意识到，华为的研发执行团队必须从技术驱动转变成市场驱动，紧紧抓住产品的商业化，坚持不研发"卖不掉的世界顶尖水平"。任正非要求华为员工不能像早期的贝尔公司一样，只懂得研发新技术，不懂得将技术转化成商品。

工作要以成果为导向，并不只是要求研究部门要以商品化为导向，更是要求所有部门及员工都要以商品化的思维去组织工作。只有这样，才能够充分发挥整体合力的优势，实现最终产品（服务）的商品化目标。无论在市场拓展还是研发上，华为都充分发挥了各部门的合力优势，占领市场。

1996 年，中国电信市场上接入网产品的机会点突然出现，邮电部允许原交换机局通过 V52 技术接口带其他厂家的用户模块。但是一开始，华为中研部的接入网产品发展得并不好，原因是接入网产品与交换机业务部的远端模块冲突，而当时交换机业务部又是华为中研部第一大部门。由于起初只是在一个部门发展，接入网产品的内部研发资源得不到保障，研发进度较慢。眼看老对手中兴的接入网产品在市场上的占有率大为提升，新对手 UT 斯达康也借接入网产品在中国市场上发展起来，华为公司市场部频频向公司总部告急。

任正非把当时的中研部总裁李一男叫去狠狠地批评了一顿，给李一男醒了醒脑。1996 年年底，中研部专门成立了由多媒体业务部、交换机业务部、传输业务部、无线业务部共同参与的跨部门接入网新产品攻关项目组，以求资源共享，发挥产品和技术间的组合优势，增强核心竞争力。各个业务部均安排核心骨干人员参加项目组，在项目组的统一安排下进行集体技术会战和技术资料的统一制作。除骨干人员参加外，各业务部对接入网产品的相关内容也进行了会诊，并针对接入网的版本做了新的开发。

跨部门项目组成立后，华为公司在 3 个月的时间内，就一举突破了新产品的关键技术问题，而且在如何创新地组建接入网络、发展电信新业务（如 ETS 无线接入、会议电视等）方面，率先提出并实现了新的业务应用。华为各业务部的通力配合，使得华为产品无论在功能上还是在成本上都有差异化竞争力。

华为中研部的接入网产品起初发展得并不好，这是因为中研部独自开发，未能进行资源和信息共享，导致研发的产品无法与其他模块对接。后来，建立了跨部门的研发团队，对各方面需求进行会诊，确定最佳接入网产品设计方案，最终一举突破了关键技术问题。由此可见业务执行要以成果为导向的重要性，不考虑成果，只能无谓地浪费资源和机会。

华为每年将销售额的 10% 投入产品开发，但是研发费用浪费比例仍然很大，产品开发周期仍然很长。产品开发流程处于企业价值链最上游，开发流程出现的问题会在生产制造、销售、交付、售后服务等下游环节被十倍百倍放大。因此，从产品开发源头入手，是提高产品投资收益、解决公司系统性问题的治根之举。

1997 年开始近距离观察 IBM 之后，任正非发现，IBM 等高科技企业的研发模式不是单纯为了提高产品开发速度，而是在保证产品质量的前提之下缩短产品的上市时间（ITM，Time To Market）。IBM 的成功让任正非怦然心动。一年后，华为用"照葫芦画瓢"的强硬方式推行 IPD。

1998 年年初，华为开始设计并自己摸索实施 IPD。但由于华为自己设计的 IPD 方案考虑欠缺，流程在实际运行中有诸多不合理之处而惨遭失败。任正非认识到，华为再也不能闭门造车。于是，华为成为在国内第一家引进和实施西方公司 IPD 的公司。

1999 年年初，由 IBM 作为咨询方设计的 IPD 变革在华为正式启动。华为希望通过变革产品开发模式，缩短产品上市时间，降低费用，提升产品质量，最终能够提高产品的毛利率。

什么是 IPD

IPD 是一套产品开发的模式、理念与方法。IPD 的思想来源于美国 PRTM 公司出版的《*产品及生命周期优化法*》。

最先将 IPD 付诸实践的是 IBM 公司。IBM 公司实施 IPD 的效果，不管在财务指标还是质量指标上都得到了验证。最显著的改进在于：

◆ 产品研发周期显著缩短。

◆ 产品成本降低。

◆ 研发费用占总收入的比率降低，人均产出率大幅提高。

◆ 产品质量普遍提高。

◆ 花费在中途废止项目上的费用明显减少（见图 6.1）。

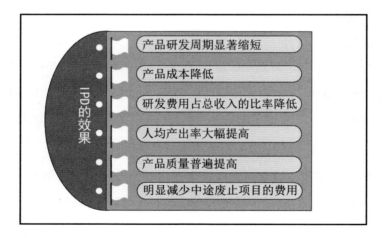

图 6.1 推行 IPD 的效果

IPD 强调以市场和客户需求作为产品开发的驱动力，在产品设计中就构建产品质量、成本、可制造性和可服务性等方面的优势。更为重要的是，IPD 将产品开发作为一项投资进行管理。在产品开发的每一个阶段，华为都从商业的角度而不是从技术的角度进行评估，以确保提高产品的投资回报率或尽可能减少投资失败所造成的损失。

作为先进的产品开发理念，现将 IPD 核心思想概括如下：

新产品开发是一项投资决策。IPD 强调要对产品开发进行有效的投资组合分析，并在开发过程设置检查点，通过阶段性评审来决定项目是继续、暂停、终止还是改变方向。

新产品开发是基于市场的开发。IPD 强调产品创新一定是基于市场需求和竞争分析的创新。为此，IPD 把正确定义产品概念、市场需求作为流程的第一步，力求一开始就把事情做对。

新产品开发是跨部门、跨系统的协同。采用跨部门的产品开发团队（即 PDT，Product Development Team 的英文首字母缩写。——编者注），通过有效的沟通、协调以及决策，达到尽快将产品推向市场的目的。

新产品开发是异步开发模式，也称并行工程。通过严密的计划、准确的接口设计，把原来的许多后续活动提前进行，这样可以缩短产品上市时间。

新产品开发具有重用性。采用公用构建模块（CBB：Common Building Block）提高产品开发的效率。

新产品开发是结构化的流程。产品开发项目的相对不确定性，要求开发流程在非结构化与过于结构化之间找到平衡（见图 6.2）。

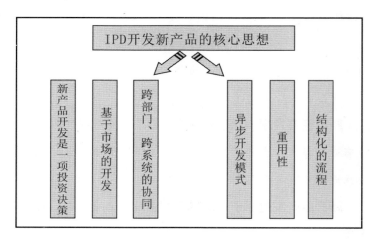

图 6.2 IPD 的核心思想

总的说来，IPD 的核心是流程重整和产品重整两个方面。流程重整关注与重整产品开发流程；产品重整关注与异步开发和共用基础模块的重用（见图 6.3）。

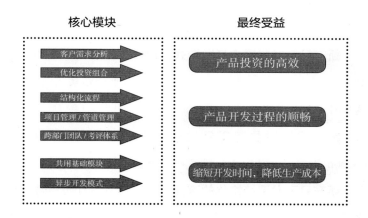

图 6.3　IPD 的流程重整与产品重整

　　从一开始，华为就着力制定了一系列变革进度度量指标，管理层用这些指标来监督 IPD 的落地和评估效果。有了这些反馈，华为就能在过去的这么多年里不断实施和优化 IPD。总之，在华为这样一个全球化大企业里有效地实施和使用 IPD，绝对是一项了不起的成就。

　　华为首席管理科学家黄卫伟曾这样说道："企业的新产品开发，为什么有那么多新产品在商业上不成功？为什么上市时机一再延误？为什么开发过程中有那么多返工、修改需求、工程更改？一个重要原因就是我们在定义客户需求和定义产品规格时过于急躁。现在许多企业都在推行 IPD，但凡推行 IPD 的企业无不听到研发人员抱怨走 IPD 流程太慢，其实这是没有领会 IPD 的精髓。那么什么是 IPD 的精髓呢？就是从关注紧急的事到关注重要的事。什么是重要的事呢？就是识别顾客的真正需求，并把它转化为产品的规格。做重要的事一定不能着急，这就是 IPD 为什么在概念阶段和计划阶段设置了许多模板、流程推进得很慢的原因。西方公司的咨询顾问说得好，中国人有的是时间返工，却没有时间一次把事情做对。可见，我们是颠倒了重要和紧急的关系。"

新产品开发是一种投资行为

　　IPD 的第一个基本思想是，新产品开发是企业的一种"投资行为"。这个跟平常我们对待产品开发的态度是完全不同的。一般从财

华为的管理模式（**实战版**）

务的角度来讲,产品开发往往被看作一项费用。比如有 A、B 两个项目,
A 项目要花 1000 万元,B 项目要花 100 万元,如果公司只有 500 万元,
该上哪一个项目呢？如果把产品开发看成费用，企业往往会从成本
管控的角度来决定开发什么产品、不开发什么产品。但是，如果把
产品开发看成投资，企业就会更多地考虑产品的前景、投资回报和
风险。如果 1000 万元的投资项目能够挣回一个亿，那就算是贷款也
要做这个项目。对于公司来说，一定要清楚贷款的目的，是因为预
期这个投资能挣钱，投入会有产出。所以，把新产品开发看作"投资"
还是看作"费用",不同的态度会导致企业不同的管理方式和决策方式。

华为持续创新投入 10 年，累计投入 2400 亿人民币。2015 年,
研发费用占总收入的 15.1%。

华为全球研发人员约 79000 名，占公司总人数 45%。

华为全球研发中心 16 个。

通信行业的一个本质是，谁掌握了核心技术，谁就掌握了市场
竞争的战略高地。唯有立于核心技术这个战略高地,才可以天天向上,
势不可挡。

要想掌握核心技术，就必须加大在研发方面的投入。在国外,
一般科技企业平均研发投入占企业销售收入的 10% 左右。例如,
2002 年，美国英特尔公司研发支出 40 亿美元，占其销售额的 12%；
2003 年阿尔卡特的研发支出为 18 亿美元；西门子为 22 亿美元；
IBM 每年约投入 60 亿美元。在研发投入上的领先，让这些国际企业
能够在科研领域保持领先地位。相比之下，我国大多数企业的研发
投入却少得可怜。2007 年，在中国百家电子信息百强企业中，研发

投入也仅为 3.9%，只有 21 家企业研发投入超过 5%，华为是其中之一。

"因通信设备行业具有技术升级快的明显特点，持续的研发投入不可避免。即使在低谷时期，华为公司也保证了占销售收入 10% 以上的研发投入。"在 2005 年的全国信息产业工作会议上，华为公司有关负责人这样说。

2001 年，来华为参观时，联想总裁杨元庆表示，联想要加大研发投入，做高科技的联想。任正非以一位长者的口吻对他说："研发可不是一件容易的事，你要做好投入几十个亿，几年不冒泡的准备。"

联想董事长柳传志的另一员爱将神州数码首席执行官郭为，也曾经到华为向任正非"取经"。任正非则劝他根本不要做研发："你不要做研发，研发没有什么用，你的长项不是做市场吗？你把销售做好了，我的产品研发出来都交给你来卖。"郭为问任正非原因。任正非回答说："研发，你要做就得大做，要是小打小闹还不如不做，因为这个东西是很费钱的一件事。"

为了生存而开发

任正非曾这样说道：

华为最基本的使命就是活下去。技术开发的动力是为了生存。

在高科技领域，拥有自己的核心技术，才可以自主，才有竞争优势。任正非说道：

> 为了拓展明天的市场，每年从销售额中提取 10% 作为研发经费，紧紧抓住战略发展不放。1996 年研发经费达 1.8 亿元。1997 年会达 3 亿～4 亿元，本世纪末（20 世纪末）会达 8 亿～10 亿元。只有持续加大投资力度，我们才能缩短与世界的差距。

1996 年，华为在开发上投入了 1 亿多元人民币，年终结算后发现，开发部节约了几千万。任正非知道后说了一句话："不许留下，全部用完！"开发部最后只得将开发设备全部更新了一遍，换成了最好的。

1997 年，任正非前往美国考察。IBM 公司、贝尔实验室、惠普公司等国际著名公司对产品研发的重视程度给任正非留下了深刻印象。任正非在其文章《我们向美国人民学习什么》中写道：

IBM 每年约投入 60 亿美元的研发经费。各个大公司的研发经费都在销售额的 10% 左右，以此创造机会。我国在这方面比较落后，对机会的认识往往在机会已经出现以后。因此，要做出正确判断，抓住机会，才能成功，华为就是这样的。而已经走到前面的世界著名公司是靠研发创造出机会，引导消费的。他们在短时间内席卷了"机会窗"的利润，又投入创造更大的机会，这是他们比我们发展快的根本原因。华为 1998 年的研发经费将超过 8 亿人民币，并正在开始进行战略预研，起步进行基础研究。

任正非坚持这样一个观点：

> 只有持续加大投资力度，我们才能缩短与世界的差距。

拿出销售收入的 10% 作为研发投入

1998 年，任正非还将"拿出销售收入的 10% 作为研发投入"这一原则写进了公司纲领性文件《华为公司基本法》中，并作为华为七大核心价值观中很关键的一条。任正非在其题为《华为的红旗到底能打多久》的内部讲话中说道：

> 我们始终坚持以大于 10% 的销售收入作为研发经费。公司发展这么多年，员工绝大多数没有房子住，我们发扬的是大庆精神，先生产、后生活。而在研发经费的投入上，华为多年来一直未改变，所有员工也都能接受。有人问过我，"你们投这么多钱是从哪儿来的"，实际上是从牙缝中省出来的。我们的发展必须高于行业平均增长速度和行业主要竞争对手的增长速度。公司过去每年以 100% 的增长速度发展，以后基数大了，速度肯定会放慢，那么以怎样的速度保持在业界的较高水平，这对我们来说是个很大的挑战。

任正非在上海电话信息技术和业务管理研讨会致谢词时说道：

> "高投入才有高产出"，我们的成本比兄弟厂家高，因为科研投入高、技术层次高。科研经费每年 8000 万元，每年还要花 2000 万元用于国内、国外培训和考察。公司非常重视从总体上提高公司基础建设水平。这种基础建设给了我们很大的压力。但若我们只顾眼前的利益，忽略长远投资，将会在

产品的继承性和创新性上损害用户利益。

在研发方面，华为二十几年如一日，保持了持续的高投入。华为坚持以不少于销售收入 10% 的费用和 43% 的员工投入研究开发，并将研发投入的 10% 用于前沿技术、核心技术及基础技术的研究。投入力度之大，当属中国公司之最。

2001 年，英特尔执行副总裁魏德生访问华为。当听说华为的研发人员超过 10000 人时，他不由得大吃一惊——华为的研发人员居然比英特尔这个视技术为生命的公司还多。任正非在北京市电信管理局和华为公司 C&C08 交换机设备签订仪式上说道：

> 华为能在中国激烈的通信市场竞争中和与世界电信巨子的较量中脱颖而出的原因，除了坚持以顾客为导向，拥有令人赞叹的产品可靠性记录外，最重要的是它对研究开发的高度重视。

根据全球最具权威的 IT 研究与顾问咨询公司 Gartner 的统计，华为在通信业最不景气的 2002 年，投入研发的资金占总营业额的 17%。这一比例比诺基亚、阿尔卡特和思科还高。正是在研发和技术上的长远储备，为华为走向海外打下了坚实基础。

如今的华为，在技术方面已经步入国际一流通讯公司的行列。华为的技术积累，使其有实力向通信产业链条的中央靠拢，并有能力在国际中获得更多的机会。就在 2008 年 9 月 3 日，根据统计，华为已经成为世界拥有专利数量排名第四的企业集团。

华为无线产品线总裁万飚表示："华为从来都不是一个机会主义者。我们深知只有掌握了核心技术，才能在市场上真正地飞跃。"万飚认为，坚持不懈地投入和努力成就了华为今天在 WCDMA 上的成就。目前，华为已经进入了几乎所有主要的 WCDMA 市场，并且份额还在不断扩大。

市场是检验产品开发成功与否的唯一标准

IPD 的第二个基本思想是，检验新产品开发成功与否的唯一标准就是商业化的成果，就是看市场反响好不好，赚不赚钱。这可能跟很多公司的理念不一样。很多公司认为，通过产品开发积累了丰富的经验，积累了一些技术成果。而在 IPD 模式里，这不是检验新产品开发成功与否的最重要的标准，最重要的标准是赚不赚钱。如果产品不能给企业赚钱，那就是失败的。至于说锻炼了人、积累了技术成果，那只是副产品，是意外的惊喜，赚钱才是最核心的目标。

产品要赚钱，那就必须以市场为导向来进行设计，客户才会买账。所以产品开发是基于市场和客户需求进行的，如果没有市场需求绝对不能进行产品开发（见图 6.4）。在实践中，大家常常争论，做新产品是应该以"技术驱动"为主，还是以"市场驱动"为主？关于这个问题，华为可以明确地回答，如果是要面向市场批量销售的"产品"，就必须以"市场驱动"为主，这也是符合"产品开发要赚钱"

这个基本思想的。

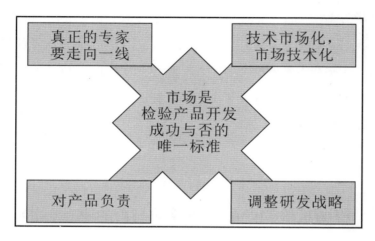

图 6.4 华为的产品开发是市场驱动

真正的专家要走向一线

真正的专家要源于一线，也要走向一线。

对于专家的培养，过去有一些成见和误解，往往认为总部才是专家的摇篮。理由很简单而且看似合理：总部资源丰富，视野开阔，同时距离研发最近。然而，"从事一线工作时间过长"也成了很多人解释自己技术退化、知识沉淀不足的最佳借口。这些认识固然有一定的道理，但是仔细推敲，却发现未必具有必然性，并且容易让人忽视一线实践对于专家培养的重要性。正如有位客户这样评价某些技术人员：你们有些专家能讲清楚光纤的种类，而讲不清楚光纤的熔接；能讲清楚设备功耗的指标，却无法为我推荐一款可靠的电池；能讲清楚业务发放的流程，却从来没有去过运营商的营业厅。

真正的专家是不能缺少一线经验的，因为最好的给养其实来源于客户。专家要从一线中来，也要到一线中去，在与客户的碰撞和交融中检查和修正对待专业的标准，避免成为伪专家。

在一次工作汇报会议上，任正非指出，华为的研发人员不贴近市场，不考虑其研发成果是否能得到市场的认可，有闭门造车之嫌。于是，他提出了"技术市场化、市场技术化"的口号。任正非在上海电话信息技术和业务管理研讨会上谈道：

> 我们号召英雄好汉到市场前线去，现在，一大批博士、硕士涌入市场，3～5 年后会推动公司的发展。现在，C&C08 交换机即使达到国际先进水平，也没什么了不起。因为你的产品是已有的产品，在思想上仍是仿造的。唯有思想上的创造，才会有巨大的价值。例如：首先发明光纤通信。为使公司摆脱低层次上搏杀，唯有从技术创造走向思想创造。杂志、资料不能产生思想创造，只有用户需求才能产生。所以，我们动员公司有才干、有能力的英雄豪杰站出来，到市场前线去了解用户的需求。

技术市场化，市场技术化

"技术市场化，市场技术化"就是技术的创新要适应市场的变化。对技术公司来说，贴近市场进行研发是必需的，只有这样，才能保证研发成果转化成产品，并被广泛采用，从而产生收益。"原来的开发模式是分离的开发模式。也就是说，我们的技术部门根据技术的发展情况设定技术路标，产品开发部门就根据技术路标去开发产品，再由市场人员提供给客户，进行推广销售。"华为副总裁、首席法务官宋柳平在接受《21世纪经济报道》采访时说。华为深刻地感受到"技术引导"带来的危害性。

对此，任正非提出"从对科研成果负责转变为对产品负责"的口号。他在题为《全心全意对产品负责，全心全意为客户服务》的演讲中解释说：

> 现在在座的人都必须对产品负责。产品犹如你的儿子，你会不会只是关心你儿子的某一方面？你不会吧。一个产品能生存下来，最重要的可能不是它的功能，而只是一个螺丝钉，一根线条，甚至一个电阻。因此，需要你对待产品像对待你的儿子一样。

据《21世纪经济报道》记者丘慧慧的分析记载，IBM带来的集成产品开发思路，为华为带来了一种跨团队的产品开发和运作模式：市场部、采购部、供应链、研发人员、财务部门、售后等在产品立项阶段就开始参与，从而确保产品在最初立项到实现，全过程都是依照客户的需求而产生；与此同时，成本竞争力的考核也贯穿始终，即系统地分析通过购买和自主开发两种方式获得的技术对产品竞争力的影响。

对产品负责

没有了市场压力，就没有了华为。任正非希望通过市场压力的传递，使内部机制永远处于激活状态，永远保持灵敏和活跃。任正非将"卖不出去的研发成果"称作"奢侈性浪费"，并警告那些有盲目研发倾向的华为人："研发成果不能转化为商品，那就是失败！"任正非在题为《全心全意对产品负责，全心全意为客户服务》的演讲中谈道：

> 为了使我们的研发人员能够铭心牢记"从对科研成果负责转变为对产品负责"这句话，我们年终将把库房里的呆滞物料打成一个个包，发给研发人员做奖状。每人一包，你可拿到市场去卖。请你回答，我们历史上累积下来的上亿元的呆滞物料是怎么产生的？就是你们一笔一画不认真产生的。这么多的呆滞物料，经过这么大努力的处理还有数千万元是不能利用的，几千万元啊！我们有多少失学儿童，就是因为少几毛钱、少几块钱不能上学。这要让我们每一个研发人员铭记在心。
>
> ……
>
> 今年我们发中研部呆滞物料奖；明年，我们要把用户中心的飞机票，也打成一个个包，再发给中研人员做奖状，让他拿回家去对亲人说是自己得的浪费奖！华为公司实行低成本战略，其实我们的产品成本并不高，而是研发浪费太大！浪费就是马虎、不认认真真……我们要真真实实地认识到我们存在的问题。我们的最大问题就是上次在中研部提到的问题：幼稚。所以，一定要脱离幼稚。我认为，我们到下个世

纪（21世纪）将不会幼稚，我们必须从现在开始就要脱离幼稚。

2000年9月，在华为研发系统召开的几千人大会上，任正非说道：

> 将这些年由于工作不认真、BOM（Bill Of Materials，材料单）填写不清、测试不严格、盲目创新造成的大量废料作为奖品发给研发系统的几百名骨干。之所以搞得这么隆重，是为了使大家刻骨铭心，一代一代传下去。为造就下一代的领导人，进行一次很好的洗礼。

任正非将闭门造车、自以为是的研发态度归结为"幼稚"，认为这是一种刻意为创新而创新，为标新立异而创新的表现。任正非要求华为全体员工要牢记：

我们公司大力倡导创新。创新的目的是什么呢？创新的目的在于确保所创新的产品拥有高技术、高质量、高效率、高效益。从事新产品研发未必就是创新，从事老产品优化未必不能创新。关键在于，我们一定要从对科研成果负责转变为对产品负责，要全心全意对产品负责，实现我们全心全意为顾客服务的华为企业宗旨。

华为副总裁、首席法务官宋柳平是搞技术出身的，对研发团队最易犯的"幼稚病"再清楚不过。他不断强调："不能任由技术创新脱离市场的缰绳狂奔。"华为对研发人员要求："不能只对项目的研发成功负责，要直接对产品的市场成功负责。"无论是产品的核心技术开发还是外观设计，都是如此。华为还从流程运作和考核机制上来保障这种导向。"任总想向社会表达一种声音，过度'自主'地创新，是危险的。"华为人士说。华为关于创新的核心思想是，如何解决企业的竞争力，满足"质量好、服务好、运作成本低、优先满足客户需求"这 4 点要求，而不过度强调是不是"自主"开发和创新，"那是个舍本求末的东西"。

调整研发战略

为避免研发人员只追求技术的新颖、先进而缺乏市场敏感度，华为公司硬性规定，每年必须有 5% 的研发人员转做市场，同时有一定比例的市场人员转做研发。任正非在其题为《狭路相逢勇者生》的演讲中谈道：

新的产品研究体系的特点：一要保持持续领先；二要以客户的价值观为导向，强调为客户服务，追求客户满意度（见图 6.5）。

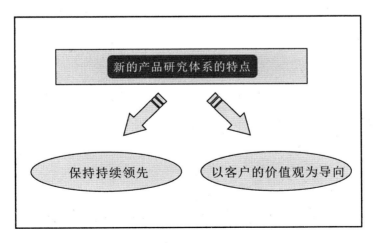

图 6.5 华为新产品研究体系特点

研发战略调整之后，华为与客户之间关系由原来的华为有什么好产品，客户需不需要，转变为客户需要什么，华为来开发。这样应客户需求而进行的研发，不仅使华为更加贴近客户，有效提高客户忠诚度和满意度，更直接增加了企业利润。

2002 年 6 月和 7 月，任正非在公司研委会会议、市场三季度例会上说：

> 如果死抱着一定要做世界上最先进的产品的理想，我们就饿死了，成了凡·高的"向日葵"。我们的结构调整要完全以商业为导向，而不能以技术为导向。在评价体系中同样一定要以商业为导向。

这里的"商业导向"是指客户需求。至今，华为展厅上展示的两句话仍是："产品发展的路标是客户需求导向；企业管理的目标是流程化组织建设。"这已成为华为创新的核心价值观。

在华为"反幼稚"的那段时间，研发部的走廊里的、电梯入口处，到处是"工宣队"制作的各种幽默的宣传漫画，一一列举什么叫研发的幼稚行为，如何避免研发的幼稚病等。

产品开发需跨部门、跨系统协同工作

IPD 的第三个基本思想是，高效的产品开发需要跨部门、跨系统工作。人们往往认为产品开发是开发部一个部门的事，这种想法其实是错误的。产品开发绝对不是开发部一个部门就能完成的，它也无法掌握整个投资决策中的所有信息，比如新产品的市场有多大、供应链该怎么搭建、生产线如何设置、未来的售后体系该怎么规划……这些工作都不是开发部一个部门所能完成的。所以，产品开发需要跨部门的团队来完成，这个团队就是"产品开发团队"（PDT）。在这种新的组织架构下，产品开发团队彻底打破了"部门墙"，整合了公司各部门的资源和功能，因此可以做出有效的业务决策。

在 PDT 中，研发人员往往还是最多的，研发部外的人员虽然人数不多，但由于他们的资源和能力完全是研发人员所不具备的，因此这些少量的人员投入，却能让 PDT 真正地从业务和生意的角度来策划和执行新产品的各项开发活动，而不是仅仅从技术的角度出发来做研发。这就像炒菜时放的作料一样，虽然作料只有那么一点点，却往往会让整盘菜的味道发生巨大的变化。

在 IPD 流程里，人们参与另一种非实体的管理开发流程 TDT（Technology Development Team）——技术开发团队。每个 TDT 的人员来自不同的部门，从市场到财务，从研发到服务支持，目标导向只有一条：满足市场需求并快速赢利。

如今，IPD 的理念已经融入华为人的血液。比方说，产品一出来就要注意可维护性，技术支持人员随时配备。过去，华为是没有技术支持的，只能让研发人员随便写一些资料。现在，华为都有专门的资料开发人员，为研发人员做新产品的资料配备。如果开发人员没有配备资料，研发人员可以投诉。

IPD 流程强调的是产品从市场调研、需求分析、预研与立项、系统设计、产品开发、中间实验、制造生产、营销、销售、工程安装、培训与服务到用户信息反馈的完整流程意义上的产品线管理（见图6.6）。每一条产品线必须对自己的产品是否响应市场需求和销售效益负责，扭转了研发部门片面追求技术而忽视市场反馈的单纯技术观点，也扭转了市场部门只顾当前销售而不关心产品战略的短视倾向。

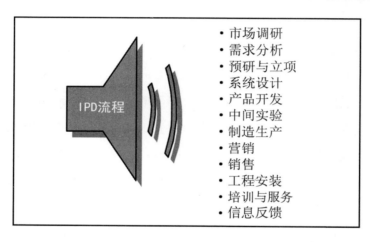

图 6.6 IPD 完整流程

这个改变孕育了一个全新的部门——营销工程部，同时也使华为的研发水平与国际公司看齐。

"新同事关系"

在过去的年代中，华为更注重资金在生产力诸要素中的作用。但现在，人成了产业要素中的最重要成分。人的流动、组合、裂变导致了资金、技术、项目的不同组合和裂变。

在这个变化速度与频率都日益加快的时代，华为始终大力倡导集体奋斗的精神。这种集体奋斗的精神在华为被称为"新同事关系"。这种独具魅力的组合方式为华为的团队管理注入了一股新鲜的血液。

华为之所以用新同事关系来取代集体奋斗，主要是因为传统的同事关系是以权力和权力支配的秩序为主要特征。这种状况类似于宫廷太监所处的环境：每天被权力压迫的人很容易把权力当成了事业目标，反而忽视了事业本身，上下级之间很难齐心协力共同奋斗。而"新同事关系"却是建立在一种共同兴趣和特长上的组合。员工们能够聚集到华为这个大家庭中，是由于事业目标一致，利益一致。压迫主要是来自公司外部的市场，市场优胜劣汰的法则把公司命运与员工命运紧紧捆到了一起。

在华为，几乎每个人都能明显地感觉到与同事共处的时间要远远多于与家人和亲友共处的时间。华为的领导层适时抓住这一点，从新员工一入职时就向其灌输这样一种思想：当我们有条件选择自己的工作环境时，我们可以像兄弟姐妹共同操持一份家业一样操持我们的事业。我们之间没有权力压迫，没有钩心斗角，没有告密，没有出卖，没有争宠，没有背叛（见图 6.7）。我们用各自的肩膀互相支撑，我们亲人般地互相关怀，我们有共同的兴趣，共同的目标，我们愿意在工作之余互相倾诉又互相倾听……

就是在这样一种氛围下，"华为"人像"硅谷"人一样工作起来不要命，时常深夜加班，吃盒饭，在办公室桌子底下打地铺。但节假日，他们又常常三五成群乐呵呵地结伴出游，没有目的，不要行装。

许多其他企业的员工都羡慕华为的同事关系，殊不知友好、自由、敬业，这份轻松自在的同事文化环境，是众多华为人在无数次的集体奋斗中一点一滴积累起来的。

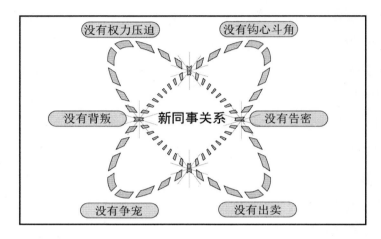

图 6.7 华为的"新同事关系"

任正非有一个著名论断：当今世界的科技进步已走过了爱迪生时代，不可能依靠一个人的聪明才智改变整个世界。所以，除了在公司实行全员持股制度外，公司始终致力于营造集体奋斗的企业文化。没有责任心，不善于合作，不能群体奋斗的人，等于丧失了在华为进步的机会。

华为是个只认同贡献不认同资历的企业。在华为发展史上，曾有过 19 岁的少年班毕业生因贡献突出被提拔为副总工程师的纪录。

实际上，在华为这样的企业，大多数人淡泊于职务高低，常常沉浸在团队奋斗的热情中以及共同创造出成果的喜悦中。

华为公司营造了一种让人耳目一新的同事关系的氛围，没有钩心斗角，没有争宠卖乖。而全员持股制度更是将全体员工纳入了一个共同事业之中。在这个团队中，每个人的创造力和责任心都得到了充分的发挥，从而保证企业在强手如林的市场上始终保持强大的竞争力。

策略一元化

部门之间的协调合作以及合作是否愉快都将直接影响企业的凝聚力，影响团队的核心竞争力。创造和营造学习的氛围，以进行部门之间的协调，是团队唯一的也是必然的道路。只有通过培训入手，通过观念和意识形态的归依，才能慢慢溶解、转变部门之间的不合作态度和僵化的行为模式，才能拉近部门之间的距离，减少部门之间产生的摩擦和内耗。

从企业的层面来说，如果员工没有爱心也就没有激情和动力，更没有吸引力和亲和力。那么，部门之间也就难以沟通协调，部门与企业整体就会时常发生这样那样的摩擦，特别是与企业主管之间的摩擦，将导致人力资源管理者失业。因此，最好的办法是使部门内部的利益最大化。只有部门内部的利益最大化，才有可能保证人力资源管理工作顺利开展。否则，一味把部门与企业整体协调统一，与其他部门协调统一，就难以使部门内人员的利益得到保障。这样一来，整个企业的利益也就难以得到保证。因此，**部门的局部利益最大化，是企业整体利益最大化的前提**。

高效优质的沟通是顺利完成部门合作的基石。为保持沟通的顺畅性，公司员工需要在一个完全开放的空间下工作，并创造出轻松、平等、尊重和相互信任的沟通氛围。与此相反，中国传统文化对中国人的心理有很大影响。中国人有很强的官本位意识，习惯一元化领导而不是多头领导。如果企业人际关系复杂，人治大于法治，在变革过程中必然阻力重重。

所谓"策略传达的'一元化'"，并不是指上级部门领导向下级部门领导单方向传达信息，而是让总负责人和分负责人都知道、都负责。

华为早期在开营销工作会议时，常常将业务部和市场部或其他部门分开，由几个分管不同部门的负责人分别召开会议。其结果就是：市场研发部门研发出来的东西根本不利于业务部门进行市场推广，即研发与市场实际脱轨，从而严重浪费企业资源。这样的局面就是由于没有注意各个部门之间协调统一的"一元化"所造成的。

发现这个现象以后，任正非立即调整了各个团队孤立作战的模式，公司的各项决策以及计划都统一开会布置传达，对各办事处则主要采取邮件的形式进行布置和指挥。

为了确保各部门能真正做到思路"一元化"，华为还采取了很多措施。例如，任正非曾经给某市场研发部的主管们一人发了一双鞋子，要其下到基层去和销售人员一起调查市场，切实了解市场需要，和有经验的市场销售人员交换意见之后，再重回实验室继续产品的开发研究。

华为的"一元化"并不是集权的意思，而是总部负责的、围绕一个中心的一体化。部门领导者不是将工作分摊下去就没事了，要形成以总负责人为中心的工作模式，考虑公司其他部门的条件以及市场的大环境，将各项工作摆在适当位置，而不是自己全无计划，只按上级指示来一件做一件，造成凌乱的无秩序状态。

一些领导人喜欢听市场部门调查后呈上来的一些报告，往往以这些报告来决定制定的策略是否执行到位。然而，这些进行市场调查的人员又不了解整体的市场情况，仅仅通过个别情况武断地推论全部情况，因为他们根本不了解策略实施的真正内涵，没有从效果上衡量策略的实施成果，而是从过程中推论策略的执行过程。这样就导致不能有效地、完整地实施策略，即执行不到位。

内部沟通

沟通在团队内部无处不在，无时不有。对沟通最基本的解释是，信息从一个人到另一个人的传递过程。有效地沟通意味着信息从发出者处完整、正确地传到接收者处。换句话说，沟通就是传授思想意图，使自己被其他人所理解的过程。

良好的团队内部信息沟通机制，一方面有利于企业将构想、使命、期望与任务等信息准确地传递到员工，并指引和带领他们完成团队目标；另一方面，良好的内部信息沟通机制，有利于快速反映员工的思想动态，收集员工的新想法、新观点，为员工反映问题、抒发情感提供途径。

这就需要在团队内部制定一个沟通规范，包括用什么方式、什么语言等进行沟通。这样，就不会因不同的沟通方式而产生信息传递误差。

彭剑锋是《华为公司基本法》起草小组专家之一。他回忆他和华为总裁任正非交流的过程说，任正非是一个思维敏捷、极具前瞻与创新意识的人，经常会提出一些突发性的、创新性的观点。他发现，随着企业扩张、人员规模扩大，企业高层与中基层接触机会越来越少，自己与中层领导的距离越来越远；老板与员工之间对企业未来、发展前途、价值观的理解出现了偏差，无法达成共识。这就需要在二者之间建立共同的语言系统与沟通渠道。《华为公司基本法》正是在这样的背景下出台的。

同时，华为的各业务单位和部门，通过实践，构建了很多正式和非正式的沟通渠道，建立起公司和员工之间的桥梁。比如，基于员工成长的沟通包括新员工大会、新员工座谈会、绩效辅导与考评沟通、调薪沟通、任职资格沟通等；基于管理改进的沟通包括经理开放日、工作外露会、民主生活会等；基于氛围建设的沟通包括年终晚会、家庭日等（见图6.8）。

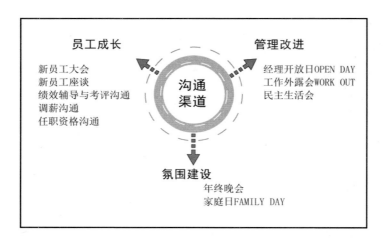

图 6.8 华为的沟通渠道

员工可以向自己的直接主管提出意见和建议，也可以按照公司的开放政策，向更上一级的领导提出意见和建议。

华为人还会利用类似《华为人》报一样的内部报纸，及时传递来自基层的信息。这是从微观层面实现企业与员工持续沟通的有利

工具。应该说，报纸是企业内部最便捷的沟通渠道。它的作用在于
实现企业与员工之间、员工与员工之间持续不断地沟通。

　　《华为人》报很有特点，基本上都是员工自己写身边的人和事，
写自己的感悟，可以让人感受到华为人的精神风貌及其顽强拼搏、
奋力进取的精神。这是实现员工内部互动、良性沟通的有效方式，
也是最便捷的一种沟通渠道。

改造产品开发流程需要整个公司的变革

　　IPD 的最后一个基本思想是，改造产品开发流程，需要整个公
司的变革。改造产品开发流程是一项系统工程，需要在流程、组织、
激励、文化等各方面进行改造，并持续进行。在这期间，"变革管理"
是非常重要的一种策略和管理方法。很多公司老板在了解了上述产
品开发体系和思想后，往往头脑发热，认为建成整个体系是非常迅速
和容易的，甚至搞"一夜切换"：今天还是老体系，明天就开始运作新
体系。这种简单化思维，往往导致企业将来在业务压力和新体系的冲
突中痛苦挣扎。最后的结果无非是两种：要么放弃新体系用老体系赢
得市场，因为虽然市场未丢失，但是在变革后已经名存实亡。这样一来，
企业还是回归了老体系；要么强行推行新体系，严格要求，最后错
失了大量的市场机会，虽然建成了新体系，但付出了过大的市场代价。

　　其实变革管理的核心是对人的管理。从理论上说，新体系是相
对容易理解的，但由于新体系涉及很多人，这些人的思想和认识的

改变是非常困难的，这就要花很多时间和精力，通过采用小范围试点再逐步推广等策略，既给人们留下转变的思考期，又不会太大影响新产品推向市场的节奏。这样才能真正完成"在正在飞行的飞机上更换发动机"这样困难的变革任务。①

根据 IBM 咨询专家提供的方法，华为 IPD 项目划分为关注、发明和推广 3 个阶段（见图 6.9）。在关注阶段，进行大量的"松土"工作，即在调研诊断的基础上，进行反复的培训、研讨和沟通，使相关部门和人员真正理解 IPD 的思想和方法。发明阶段的主要任务是方案的设计和选取 3 个试点。推广阶段是逐步推进的，先在 50% 的项目中推广，然后扩大到 80% 的项目，最后推广到所有项目。

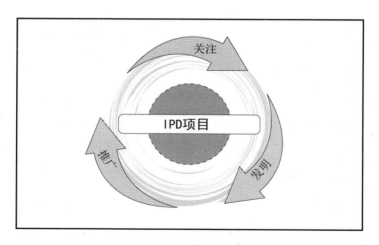

图 6.9　IPD 项目推行的 3 个阶段

1999 年 11 月，集成产品开发项目第一阶段的概念导入正式结束，开始进入推广阶段。任正非在第一阶段总结汇报会上又对大家说：

---

① 卢刚.向华为学习卓越的产品管理［M］北京：中国人民大学出版社，2013

中国人就是因为太聪明了，5000 年都受穷。日本人和德
国人并不聪明，但他们比中国人不知道要富裕多少倍。中国
人如果不把这个聪明规范起来的话，将是聪明反被聪明误。

2000 年，华为以无线业务部作为第一个"集成产品开发"试点。
无线业务部副部长李承军和他那支从各个部门抽出来的 10 人团队，
在 IBM 顾问手把手的指导下，把华为的大容量移动交换机 MSC6.0
送上了"集成产品开发"流程。经历了 10 个月的开发周期，华为把
整个流程走了一遍，算是完成了首次试运行。两年后，华为终于让
所有新启动的产品项目都按照"集成产品开发"的流程来运作了。

实行集成产品开发之后，华为的研发流程发生了很大的变化。

单从技术的角度出发，IPD 让华为从技术驱动型转向了市场驱
动型，最终改变了华为人的做事方法。以前，华为研发项目的负责
人全部是由技术人员担任。现在，则要求产品开发团队的负责人一
定要有市场经验；以前，华为的中央研究部全权负责研发，市场部
门负责销售。中央部做什么，市场部门就得卖什么。而现在可热闹了，
产品做成什么样完全由不得研发人员，很多人都得参与，而这些人
在以前都是和研发根本不搭界的人。

在 IBM 咨询专家设计的 5 年课程中，华为逐步在适应这双美
国鞋：学习——结合华为实际设计相应流程——小规模试行——大
面积推广。直至 2003 年，IPD 的"洋装"从 1.0 版本升级到了 3.0
版本。"这是一个从无到有的过程。""从一个技术人员的角度来看，
IPD 让我们从技术驱动型转向了市场驱动型，它改变了我们的做事

方法。"

2004 年，华为从最开始的个别项目放在俗称的"玻璃房"下试行供观望，到几乎所有产品进入 IPD 流程。

2003 年，任正非在一次演讲中这样说道：

现在分析一下，美国顾问提供的 IPD、ISC 有没有用，有没有价值？是有价值的。回想华为到现在为止所犯过的错误，我们怎样认识 IPD 是有价值的？我说，IPD 最根本的是使营销方法发生了改变。我们以前做产品时，只管自己做，做完了向客户推销，说产品如何如何好。这种我们做什么客户就买什么的模式在需求旺盛时是可行的，我们也习惯于这种模式。但是，现在形势发生了变化，如果我们埋头做出"好东西"，然后再推销给客户，那东西就卖不出去。因此，我们要真正认识到客户需求导向是一个企业生存发展的一条非常正确的道路。从本质上讲，IPD 是研究方法、适应模式、战略决策的模式改变，我们坚持走这一条路是正确的。

我们要让所有人理解 IPD、ISC 很难，尤其在新旧体制转换时，需要很多的协调量。有些员工，尤其是不善于协调的专家型人物因为接受不了这种协调量而离开了，这是可惜的。但是，我们现在终于走出了泥沼，有了良好的协调方法。一两年以后，协调的难度会减小，有效度增强，IPD、ISC 的作用就会越发明显了。

成果

随着华为规模的逐步壮大和市场范围的持续扩张，IPD 系统的重要性日渐凸显出来。面对各式各样的市场需求，如果企业没有一套正确的、全面的筛选评估测试体系，那么华为的整个研发体系势必陷入困境而难以自拔。而一套能够平滑运行的 IPD 系统却能最大限度地缩短整个产品研发周期，大大降低产品研发的风险系数。因此，当华为开始与世界顶级的电信运营商用统一的语言进行快速有效沟通时，很多华为人包括中高层管理人员才真正感受到任正非挥起"变革之刃"的良苦用心。

有部分人甚至认为，在当年思科诉华为侵权案中，华为之所以最终成功地与思科达成和解，完全是受益于华为从 1998 年便开始引入的国际咨询服务，这个咨询服务让华为在组织、管理、流程、人力资源、质量控制等诸多方面都实施了与国际接轨的管理变革。比如，华为引入 IBM 的 IPD 系统后，在其产品研发的各个阶段里都严格按照"未违反知识产权保护"以及"能够通过申请专利保护企业利益"的标准来进行自我检查。对这一管理流程的严格执行，使得华为在技术研发上得以保持"干净"。所以，任正非的"削足适履"，虽然看似违背了客观规律，但实际上又何尝不是一种实事求是、遵循客观规律的管理态度呢？

华为的一位 PDT（数字集群）测试经理曾发出这样的感触："站在走过 IPD 流程后的今天来回顾，才发现以前是在凭着一股热情和责任感工作，但是由于对产品路标、工作计划等缺少设计，所以，虽然我们每个人都忙得焦头烂额,却对产品'什么时候能够稳定''什么时候能够最终发布'等问题无法把握。而这次我们经历的是一个没有'英雄'的联调（联合调试），不到 10 天的时间就顺利结束。从开始立项到版本终结，只用了 9 个月的时间，是之前的该产品版本所从未有过的。这就是职业化的威力！"

IBM 顾问帮助华为 IPD 在公司的落地，并使之融入华为的文化之中，使公司在产品开发周期、产品质量、成本、响应客户需求、产品综合竞争力上都取得了根本性的改善。它让华为从依赖个人英雄转变为依靠管理制度来推出有竞争力的高质量产品，有力地支撑了华为快速和规模化的国际化扩张。

在 2003 年之后，华为感受到了管理变革以及与世界用同一种管理"语言"沟通所带来的乐趣。2002 年，华为销售额虽然整体下降了 17%，但是当年海外市场却增收了 210%！ 2000 ~ 2004 年，华为海外复合增长率为 122%。至 2004 年，华为快速恢复了元气，整体销售额达到 460 亿元，净利润 50 亿元，大于当年 TCL、联想、海尔的利润总和。

一位在华为工作到退休的 IBM 顾问说，全世界推行 IPD 管理项目的，有很多公司，但都不成功，只有华为成功了。华为的成功离不开团队和任正非的坚持。

华为的 ISC 集成供应链管理变革，成就了华为"以客户为中心"的核心价值观，极大地提升了客户满意度，大幅度地降低了供应链总成本，为华为快速步入世界级企业的发展轨道注入了新的动力。任正非说：

我们一定要坚持 IPD、ISC 的流程化组织建设，活学活用好，坚决按流程来确定责任、权利以及角色设计，逐步淡化功能组织的权威，这就是我们说的微观的商业模型。

背景

1999 年华为启动两大重点变革项目：1999 年 3 月以 IPD 重整研发的管理及流程，年底又启动了 ISC 项目来提高供应链的效率。

当时华为的收入还不到 100 亿人民币，依靠单工厂主要供应国内市场，供应链连基本的业务计划和预测体系都没有建立起来，经常因供不上货、发错货被投诉。为此，华为还专门成立了"发正确的货小组"，运动式地解决发货问题。

1999 年，IBM 顾问在对华为的调查中发现，与业内先进公司相比，华为的供应链管理水平存在较大的差距：

华为的订单及时交货率只有 50%，而国际上领先的电信设备制造商的平均水平为 94%。

华为的库存周转率只有 3.6 次 / 年，而国际平均水平为 9.4 次 / 年。

华为的订单履行周期长达 20 ～ 25 天，国际平均水平为 10 天左右。

通过考察，IBM 顾问指出，华为的供应链管理仅仅发挥了 20% 的效率，还存在很大的提升空间。

华为引入 IBM 集成供应链管理（ISC），对公司的组织结构进行了调整，成立了统一的供应链管理部，包括生产制造、采购、客户服务和全球物流。

长江商学院院长项兵在其文章《华为的全球化战略》中写道：华为供应链管理的低效率反映了中国制造企业的"通病"。尽管中国企业十分关注降低制造成本，但注意力却只集中在制造环节本身，而很少关注制造环节以外的成本与效率的问题，导致综合运营成本经常处于失控状态。

当时，华为供应链的问题主要表现在以下 5 个方面：

需求管理与预测：由于缺乏有效的预测方法和预测工具，

因此销售预测的准确度不高。需求管理的多数精力放在企业内部，缺乏外在的引导，订单进公司前很少有提前的预警信息。

订单履行：流程复杂，使用的 IT 系统又未集成，涉及的部门也很多，导致客户很难了解自己所订货物进行到何种状态；销售人员在签单时得不到可靠的供货能力信息，预定的发货日期不能与生产计划相结合，无法正确发货，结果失信于顾客。

用户服务：服务工程师获得的信息不足、不及时，比如，工程师收到升级软件一个月后才能拿到相应的操作手册；没有及时更新网上设备信息，工程师不知道实际的配置情况，有时要到现场才知道。这些都是因为供应链上游的问题造成的。

物料的周期时间和可获得性：物料采购周期较长，电子类物料的平均采购周期为 12 ～ 16 周。生产周期也比较长。但是产品的交货期通常较短，平均交货期在 20 ～ 25 天，而且有 30 ～ 40％ 的急单率；许多产品无标准配置，订单经常欠料装配；产品间通用器件共享性低。

MRPII 运作效率的影响因素：许多未经协调的工程更改单；由于销售预测不准，不能承诺排期与数量；最重要的是，没有可执行的销售和运作计划流程（见图 7.1）。

ISC 项目是华为业务变革项目中的一个重点项目。该项目的目标是：设计和建立以客户为中心的、成本最低的集成供应链，并通过提高灵活性和快速反应能力来建立竞争优势。

图 7.1 ISC 推行前华为供应链存在的问题

在市场经济中，"产品"转化成"商品"的本质是被买卖，即被客户承认并接受。IPD 的实质可以归纳为：需有所研、研可生产、产可成销、销有所得；而 ISC 的实质在于：需有所供、急有所供、缓可化险、合作共赢。这充分抓住了现代市场经济"快变"的特点，同时又抓住了市场经济的本质——客户的需求。市场经济的快变体现在以下几点：市场需求变化快；产品周期越来越短；市场格局定型快，因此往往出现大幅度"浪涌"现象；激烈的竞争使企业的新陈代谢加快。

要适应这些变化，传统管理模式必然受到挑战。我们需要"更快"：更快地了解客户需求；更快地响应客户需求；更快地完成产品向商品的转化并更好地保障整个流程的通畅，这就是 IPD/ISC。

ISC 流程认为，企业之间的竞争其实也是供应链之间的竞争。ISC 要求把公司运作的每个环节都看成供应链上的一部分，不管是在公司内部，还是在公司以外的合作伙伴那里，都需要对每个环节进行有效管理，以提高供应链运作效率和经济效益。

ISC 管理的原则是通过对供应链中的信息流、物流和资金流进行设计、规划和控制，保证实现供应链的两个关键目标：提高客户的满意度、降低供应链的总成本。ISC 不仅仅是一种物质的供应链，还是集财务、信息和管理模式于一体的管理流程链。任正非曾经说：

集成供应链的问题解决了，公司的管理问题基本上就全部解决了。

提高客户的满意度

当前的市场竞争是一组企业的供应链同其他几组企业供应链之间的竞争。建立以客户需求为中心的、面向供应链的客户关系管理系统是企业获得竞争优势的源泉。

21 世纪初，法国波尔多，六月天。阿尔卡特董事长瑟奇·谢瑞克在自家的葡萄酒庄园接待来访的中国客人——华为总裁任正非。品过两种不同口感的红酒后，瑟奇·谢瑞克先生一改先前轻松的话题，说道："我一生投资了两个企业，一个是阿尔斯通，一个是阿尔卡特。阿尔斯通是做核电的，经营核电企业要稳定得多，无非是煤、电、铀，技术变化不大，竞争也不激烈；但通信行业太残酷了，你根本无法预测明天会发生什么，下个月会发生什么……"瑟奇·谢瑞克是业界广受尊重的实业家和投资家，阿尔卡特更是全球电信制造业的标杆公司。

21 世纪初的华为，正处于艰难的爬坡阶段。"领路者"阿尔卡特的困惑与迷惘使任正非格外震惊。回国后，他向公司高层多次复述瑟奇·谢瑞克先生的观点，并提问：华为的明天在哪里？出路在哪里？

华为内部由此展开了一场大讨论，讨论后达成的共识是：华为要更加高举"以客户为中心"的旗帜。华为发展到今天，靠的是这一根本。华为的明天，也只能存在于客户之中。客户是华为存在的唯一理由，也是一切企业存在的唯一理由。

在之后形成的华为四大战略内容中，第一条就是："为客户服务是华为存在的唯一理由；客户需求是华为发展的原动力。" ①

任何一家企业成功的不二法门就是最大限度地满足客户需求。只有将客户需求放在首位，满足客户当下的显性需求，发现和开发客户的隐性需求，企业才能够在激烈的市场竞争中存活下来，进而走向强盛。

任正非承认，"以客户为中心"是普遍适用的商业常识，很多管理类经典著作都提到，不是他的原创。华为的成功就是把这个常识做到了极致，而且坚持了 20 多年，并以此为根本。

2001 年，华为内刊上登载了一篇文章，文章原名是《为客户服务是华为存在的理由》。任正非在审稿时，将其更名为《为客户服务是华为存在的唯一理由》。任正非认为，华为是为客户而存在的，除了客户，华为没有存在的任何理由。

任正非认为，产品发展的路标是客户需求导向。具体而言它包

---

① 田涛，吴春波.下一个倒下的会不会是华为：故事、哲学与华为的兴衰逻辑 [M] 北京：中信出版社，2015

括以下几点：

融入客户，理解需求

任正非说："我们说，我们要以客户需求为导向，但是客户需求是什么呢？不知道，因为我们没有去调查，没有融进去。"

任正非举一个例子。波音公司在 777 客机上是成功的。波音在设计 777 时，并不是自己先去设计一架飞机，而是把各大航空公司的采购主管纳入 PDT 中，由各采购主管讨论下一代飞机是怎样的，有什么需求，多少个座位，有什么设置等。最后，他们所有的想法都全部体现在设计中了。这就是产品路标，就是客户需求导向。产品路标不是自己画的，而是客户画的。

在 3G 产品上，任正非也提出，只有能让一个外行随随便便打通手机，那才说明华为的系统是好的。在华为，华为人都是为了客户需求而进行自我批判的。

枪声就是命令；在华为，需求就是命令。任正非表示：

以后的 IRB（投资评审委员会）人员，要有对市场的灵敏嗅觉，就像香水设计师一样，能够灵敏区分各种香味，不能区分就不能当 IRB 人员。这种嗅觉就是对客户需求的感觉。那么，这种嗅觉能力来自于哪里？来自于客户，来自于与客户聊天、吃饭的过程中。

我一直给大家举郑宝用的例子。郑宝用为什么会进步很快？就是因为他与客户交流多。我们的接入网、商业网、接

入服务器等概念都来自于与客户的交流。实际上，它们是客
户的发明。很多知识和智慧在客户手中。我们要多与客户打
交道，乐意听取客户意见。客户骂你时就是客户需求最强烈
的表现，客户的困难就是需求。

把握节奏，坚持客户需求导向

很多企业产品开发中最大的问题是简单的功能做不好，而复杂
的东西做得很好。为什么呢？简单的东西大家不喜欢，这就是技术
导向，而不是客户需求导向。任正非表示：

我认为在相当长一段时间内，不可能再有技术导向了。在牛顿
所处的时代，一个科学家可以把一个时代所有的自然现象都解释清
楚，一个新技术的出现会带来商机。但现在的新技术突破，只能作
为一个参考，不一定会带来商机。可是，对于一个具有良好组织体
系的公司，如具有 IPD、ISC 流程的公司，当发现一个新技术影响客
户需求时，就可以马上把这个技术吸纳进来。因此说，流程也是一
种保证。

坚持理性的客户需求导向

华为强调，要坚持客户需求导向。这个客户需求导向，是指理
性的、没有畸变、没有压力的导向，代表着市场的真理。有压力的、
有畸变、有政策行为导致的需求，就不是真正的需求。任正非表示：

我们一定要区分真正的需求和机会主义的需求。

任正非做了一个非常形象的比喻：

我们说，一棵小草，如果上面压着一块石头，它会怎么长？只能斜着长。但将石头搬走，它肯定会直着长。如果因为石头压着两年，我们就做两年的需求计划。两年后，小草长直了，我们的需求也要改变。因此，我们要永远抱着理性的客户需求导向不动摇，不排除在不同时间内采用不同的策略。

经过这么长时间的改革，我们已经开始接受了变革，但真正的变化在于我们的指导思想和世界观。如果指导思想和世界观不变，我们就难于开放，难于变革，难于成功。

华为的四大战略内容中第一条就是："为客户服务是华为存在的唯一理由；客户需求是华为发展的原动力。"任正非这样说道：

其实我们总结的方法来自于中国 5000 年的文明，也来自共产党文化。5000 年文明讲"童叟无欺"，就是以客户为中心；共产党讲"为人民服务"，也是以客户为中心。我们为客户服务，我想赚你的钱，就要为你服务好。客户是送钱给你的，送你钱的人你为什么不对他好呢？其实我们就这点价值，没有其他东西。

"以客户为中心"的战略由任正非明确表达为："在华为，坚决提拔那些眼睛盯着客户，屁股对着老板的员工；坚决淘汰那些眼睛盯着老板，屁股对着客户的干部。前者是公司价值的创造者，后者则只会谋取个人私利。"

管理大师彼得·德鲁克认为，企业的目的是"创造顾客"。他曾这样说过："如果我们想知道企业是什么，我们必须首先了解企业的目的。而企业的目的必然存在于企业之外。事实上，由于企业是社会的一个器官，因此企业的目的必然存在于社会之中。关于企业的目的，只有一个正确而有效的定义，那就是'创造顾客'"。

　　几年前，摩根士丹利首席经济学家斯蒂芬·罗奇带领一个机构投资团队到深圳华为总部，任正非没有亲自接见，只派了负责研发的常务副总裁费敏接待。事后罗奇说："他拒绝的可是一个3万亿美元的团队。"

　　任正非对此事的回应是："他（罗奇）又不是客户，我为什么要见他？如果是客户的话，最小的我都会见。他带来机构投资者跟我有什么关系呀？我是卖机器的，就要找到买机器的人呀！"由此可以看出，华为对客户的偏爱及重视程度。

　　　　华为之所以崇尚"以客户为中心"的核心价值观，就是因为只有客户在养活华为，在为华为提供发展前进的基础，其他任何第三方都不可能为华为提供资金用于生存和发展。所以，也只有服务好客户，让客户把兜里的钱心甘情愿拿给我们，华为才有可以发展下去的基础。
　　　　……
　　　　华为的价值和存在的意义，就是以客户为中心，满足客户的需求。我们提出要长期艰苦奋斗，也同样是出于"以客户为中心"这样一个核心价值理念。坚持艰苦奋斗的员工也一定会获得他所应得的回报。

　　另一个能体现华为"成就客户"理念的例子也是华为初创时期的传奇故事。在中国偏远的农村地区，老鼠经常咬断电信线路，客户的网络连接因此中断。当时，提供服务的跨国电信公司都认为这不是他们该负责的问题，而是客户自己要解决的问题。但华为认为这是华为需要想办法解决的问题。此举让华为在开发防啃咬线路等坚固、结实的设备和材料方面积累了丰富经验。

　　任正非曾在 2008 年市场部年中大会上的讲话中说：

　　　　我们奋斗的目的，主观上是为自己，客观上是为国家、为人民。但主客观的统一确实是通过为客户服务来实现的。没有为客户服务，主客观都是空的。

　　《华为公司基本法》中讲道：顾客的利益所在，就是我们生存与发展最根本的利益所在。我们要以服务来定队伍建设的宗旨，以顾客满意度作为衡量一切工作的准绳。

　　中国人民大学的一批 EMBA 学员在去英国某大学进行交流访问时，对方教授曾如此评价华为：华为走过的路，与世界上那些曾经的企业走过的路一样。这些企业在达到巅峰之前也是以客户为导向的，但到达巅峰后，就开始听不进客户的意见了，不愿意主动满足客户需求了，于是就渐渐衰落了。

　　自 2001 年开始，华为对客户进行持续性的第三方客户满意度调查，目的是要给全球客户提供更优质的产品和服务，在日益激烈的市场竞争中保持领先地位。

满意度调查结果显示了客户对华为服务的充分肯定。同时，客户的评价和建议就是华为反观自身的明镜，是改善服务质量的良药。

任正非在以自己的强势诠释什么是老板文化的同时，却要求员工"屁股对着老板"。在一次市场部大会上，任正非提到，华为一定要提拔那些屁股对着老板的人。屁股对着老板，就是眼睛看着客户，以客户为本。

要成就客户梦想，就需要提供最好的服务，这也是公司取得成功的关键。在华为成立之初，华为产品不如竞争对手的产品，对这一点，任正非心知肚明。因此，他另辟蹊径，吸引客户。他认为，只有提供优质服务，才能吸引客户。

例如，由于早期华为的设备经常出问题，华为的技术人员就经常利用晚上客户设备不使用的时间段，去客户的机房里维修设备。同时，对于客户提出的问题，华为24小时随时响应。这种做法与西方公司有很大的不同。西方公司有好的技术和好的设备，却忽略了服务。华为的优质服务为公司赢得了真正关心客户需求这一美誉，并同时让华为赢得了竞争优势。

再如，早期中国沙漠和农村地区老鼠很多，经常会钻进机柜将电线咬断，客户的网络连接因此中断。当时，在华的跨国企业都对此不屑一顾，认为这不是他们的问题，而是客户的问题，他们认为只需为客户提供技术。而华为却不这么认为，在设备外增加了防鼠网，帮助客户解决了这一问题。得益于这一目标驱动战略，华为在开发

耐用设备和材料方面获得了丰富经验，后来也因此在中东地区赢得了多个大客户。^①

曾有人问任正非，对于像华为当年一样正走在起家路上的中小企业，华为有什么建议？任正非的回答就是盯着客户，就有希望。

> 不要管理复杂化了。小公司只有一条，就是诚信，没有其他。就是你对待客户要有宗教般的虔诚，就是要好好磨豆腐，终有一天你会得到大家的认同的。中小企业还想有方法、商道、思想，我说没有，你不要想得太复杂了。你就盯着客户，就有希望。就是要诚信，品牌的根本核心就是诚信。你只要诚信，终有一天客户会理解你的。

降低供应链的总成本

作为处于发展最迅速、波动最激烈的通信行业的一员，华为如何构筑这条价值链，以形成客户、公司、员工、供应商的"互赢利益共同体"？

有效的供应链既包括服务，也包括成本。服务的内容是多方面的，而成本只有一个目标：就是使整个链的成本最优化和价值最大化。

从产品价值的形成过程，我们可以把链分成前端与供应商、中间内部运作和终端与客户相扣的 3 个环（见图 7.2）。现在，我们分

---

① 大卫·德克莱默，田涛.任正非：不要停留在过去，擅与竞争对手合作［OL］.新浪网，2015 http://tech.sina.com.cn/t/2015-11-04/doc-ifxkhqea3013780.shtml

别来看一下各个环的情况：

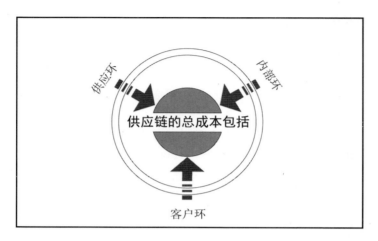

图 7.2 供应链成本包括的 3 个环

供应环。一位供应商给华为采购部写过一封信，主要内容是产品包装箱的设计浪费情况。为此，他中肯地说："我公司成本下降直接受益者应该是贵公司。"

可以看出，供应链管理已从以前单一企业包打天下的"纵向一体化"演化成链上各环专注于各自最擅长的核心竞争力的"横向联合"。

所以，供应环节成本优势的建立在于，如何把供应商看成自己潜在资源和能力延伸的一部分，而不仅仅是单纯的物料提供者，并逐步建立长期稳定的伙伴关系。只有这样，供应链的前端才是坚实的。

内部环。目前，华为尚处于供应链管理的第二阶段，即改进企业运营、降低内部运作成本。但遗憾的是，当华为翻开各部门的 KPI 时，却很难找到成本控制的绩效评价。

成本管理为什么难？主要是因为缺少"成本"的这根弦。

　　设计成本是源头，一般产品综合成本的 70 ~ 80% 是由设计方案决定的。华为引进 IPD 项目，就是使研发在一开始就考虑产品的成本定位及市场、生产等后续的成本，在产品初期就构筑起成本的优势。同时，华为还通过专业分工和公开招标，大大降低市场运作成本。

　　目前，华为变成了一个真正没有生产车间、也没有库存的 ISC 管理典范。它保留的只是两项核心业务：一个是市场，一个是研发。因为华为一向认为市场是公司的生命线，所以公司 38% 的人力资源都投在了市场部。即便是这样，在履行订单过程中，华为也有很多业务被分包出去，如工程安装、设备运行维护、客户接待、客户培训、市场调查等。这样做，华为不仅可以减少工资支出，还可以控制居高不下的差旅费。通过专业分工和公开招标，大大降低了市场运作成本，同时提高了服务质量与效率。

　　虽然研发业务属于核心业务并投入了 48% 的人力资源，但是华为仍然把那些花费大量时间和人力的纯软件业务外包出去，因为这些工作只要"软件灰领"就能够胜任。华为给予有 3 年以上工作经验的"熟手"工程师的外包工资是每月 8000 ~ 10000 元，而改革前，华为自己雇用的初级工程师的人均成本是一年 20 万元，外包可以节约将近一半的成本。2005 年，据说华为的外包工程师人数有 20000 多人，仅这一项就为华为节约了近 20 亿元。也许，华为的研发部门以后会演变成没有软件程序员编制的部门——中国最大的"嵌入式软件"制造商几乎没有软件编程工程师，这实在令人难以想象。华为保留的是"核心业务中的核心业务"——系统分析师、架构设计师以及产品项目经理，因为他们决定了企业的先进性和竞争力。而软件编程工作则变成了"核心业务中的非核心业务"，完全可以交付给批量生产和成本相对低廉的"软件工厂"中的"软件灰领"去做。

客户环。整合运作过程，减少重复无效劳动。假如能在货物发出时，把发货信息提供给客户，就可以节省客户接货后重新填制单据、入账重审和制定固定资产账、内部资产等的时间，而这正是无效劳动成本的根源。

可见，客户化的产品还需客户化的服务来支撑。只有这样，才能使我们的客户有机地配合我们的工作，以提高双方工作效率和降低成本。

供应链的管理不能一蹴而就，供应链成本优势的取得也需要各环的不断优化和互动，只要我们不懈努力，华为的供应链成本优势一定会展现出来。[①]

通过快速反应能力来建立竞争优势

经过研究和论证，IBM专家认为，华为的核心竞争力在于技术的领先和市场的优势。因此，在供应链管理的过程中，华为只要牢牢把握住核心竞争力，其余非核心部分完全可以外包出去，让那些专业公司分包。

在流程再造过程中，按照IBM专家的建议，华为对公司的组织机构进行了相应调整，把原来的生产部、计划部、采购部、进出口

---

① 构筑供应链的成本优势［OL］. 黑马华为特训营，2015 http://www.huaweitxy.com

部、认证部、外协合作部、发货部、仓储部统统合并。华为成立了一个统一管理供应链业务的部门，叫做"供应链管理部"，由公司的高级副总裁担任部门总裁。而这个部门的设置，绝对不是简单地把分散在不同系统的部门合并起来，或者换一个名称，而是把供应链管理当做公司降低成本、库存，提高供货质量、资金周转率、供货速度以及工程质量的有效手段。公司主要从供应链上获得成本优势，而不像"血汗工厂"那样靠"压榨"工人来获利。这就是为什么华为人的工资奖金比别人高，而生产成本却比别人低很多的根本原因。

华为是一个包括核心制造在内的高技术企业，最主要的业务包括研发、销售和核心制造。这些领域的组织结构，只能依靠客户需求的拉动，实行全流程贯通，提供端到端的服务，即从客户端再到客户端。因此，高效的流程必须有组织支撑，必须建立流程化的组织。

企业开始关注供应链管理，首先是因为企业面临的各种各样的问题，比如客户个性化的需求、成本压力越来越大、市场预测越来越难、同行的竞争越来越激烈等。其次是因为竞争环境产生了巨大变化。20 年前，成本竞争是主要的竞争方式，因为当时创新性产品非常少，产品是非常标准化的。然而，当从单一的产品进化到多样化的产品时，质量就变得重要，交货日期也变得重要了。从单纯的比价格到比质量，一直到现在的交货、质量、成本、柔性服务、速度、创新，整个竞争环境的变化越来越大。

2000 年前后，华为通过业务外包，进一步将非核心业务"砍掉"。

这一次主要涉及公司的生产环节，包括制造、组装、包装、发货和物流。为了平稳过渡，也为了妥善分流和安置原部门有关人员，华为出台了优惠政策和财政支持，鼓励原部门主管和骨干内部创业，即注册成专门为华为公司服务的 EMS(Electronic Manufacturer Service，电子专业制造服务) 代工厂或者其他服务商，业务上受华为公司供应链管理部管理，经济上独立核算。没有了华为的员工身份，这些内部创业的工厂所雇用的员工就和社会上的平均成本扯平了。而创业团队就变成了股东和管理者，实现了平稳过渡，保障了改革后华为产品的 EMS 生产（代工生产）质量，同时也把制造成本结构性地降了下来。在深圳市就有大大小小上百家分包商专门为华为服务。这样做，不仅发挥了专业分工的优势，而且降低了成本，减少了管理难度，提高了华为供应链的竞争力。现在，华为基本实现了零库存和一周内交货的快速反应能力。

2015 年北京国际田联世界田径锦标赛是继 2008 年奥运会后，北京再度举办的世界重要赛事。赛事期间，华为在鸟巢部署的 1000 多个 AP（接入点）组成的免费 WiFi 网络，共计承载了 68 万人次的观众接入，累计产生了 16.4TB 的流量，相当于传送了 860 万张数码照片，或产生了 16 亿次社交媒体信息互动。

华为 WiFi 网络在世界田径锦标赛期间的良好表现获得了业界的极大关注。开幕式当天，就有媒体和微信公众号报道，对覆盖效果不吝赞誉。赛程尚未过半，国际田联（国际田径联合会）的 IT 部门就找上门来，要向华为"取经"，并表示要向 2017 年伦敦田径世界锦标赛组委会推荐。国际田联的 IT 主管 Emanuele Perotti Nigra 说："华为只用了 3 个月时间就完成如此复杂的一个项目交付，真是不可思议。现场 WiFi 接入体验非常好，我们将向伦敦方面推荐。"

挑战

与 IPD 的变革相比，ISC 变革流程对华为的挑战要大得多。这主要是因为这一变革的覆盖范围更广，既包括公司内部的销售、采购、制造、物流和客户服务等多个业务系统，同时还包括企业外部的客户和供应商。因此，任何一个环节的问题都会影响整个 ISC 链条运作绩效。要 ISC 运行良好，就需要整个产业环境所有环节运作能力的提升。在中国，企业外部环节（客户和供应商）的现状在很大程度上限制了整个流程的改进。

另一方面，虽然当时全球范围内 ISC 实践活动开展得如火如荼，但是不同市场环境下的供应链管理模型差别很大。与 IPD 在 IBM 已经成功实施多年的成熟度相比，IBM 也还正在实施自己的 ISC 项目。所以，华为没有现成可以学习的模板，只能在供应链理念的指导下，以华为以及客户的现实为起点摸索着开展这一活动。

实际上，华为的 ISC，所指的不是传统意义上的采购环节，而是包括了从采购、库存管理、生产制造，一直到产品交付与售后服务的所有业务环节。其原则是通过对供应链中的信息流、物流和资金流进行设计、规划和控制，保证实现供应链的两个关键目标：提高客户的满意度、降低供应链的总成本。

华为前人力资源部副总裁吴建国在其文章中写道：

华为 ISC 变革采取先完成采购和库存、运输、订单履行等内部环节，再建设和优化 ERP(Enterprise Resource Planning,企业资源计划）系统,最后再发展电子商务的顺序。从变革的难度来说，ISC 重整对华为的挑战要大于 IPD 等其他变革，主要基于 3 个方面的原因：

第一，ISC 变革的覆盖范围更广。它既包括公司内部的销售、采购、制造、物流和客户服务等多个业务系统，同时还包括企业外部的客户和供应商。因此,任何一个环节的问题，都会影响整个 ISC 链条运作绩效的改进。

第二，在相当大的程度上，供应链管理要依赖于企业 ERP、MRPII (Manufacturing Resource Planning，制造资源计划）的实施和改进水平。

第三，不同市场环境下的供应链管理模型差别很大，特别是 IBM 正在实施自己的 ISC 项目。华为没有现成可以学习的模板，只能在供应链理念的指导下，以自己和客户的现实为起点来摸索着开展项目（见图 7.3）。

在实施 ISC 变革期间，华为把集成供应链主流程分为 49 个子流程，179 个孙流程，又制定了 3 大类 4 大项 29 项考核指标。经过管理改进与变革以及以客户需求驱动的开发流程和供应链流程的实施，华为具备了符合客户利益的差异化竞争优势，进一步巩固了其在业界的核心竞争力。

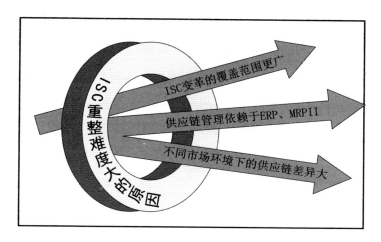

图 7.3 ISC 重整难度大的原因

华为目前正在进行的一项重要工作，就是进行结构性重组，按地区横向划分为 8 个分区，分别设立地区总裁和横向管理系统，一切按国际标准运作。

ISC 为华为的未来 10 年打下了基础。但问题是，其之前的供应链基础设施是围绕高利润、高成本、响应快的通信设备构建的。在过去 10 年，由于华为业务的多元化，从通信设备制造发展到终端和芯片业务以及企业服务业务，这种单一的供应链难以适应不同业务需求。

比如，它就很不适应低利润、低成本的手机业务以及非典型制造业的芯片业务。而为适应这些新业务所做的种种定制，只是给供应链打上种种补丁，让整个流程和系统更复杂、更低效。这就是华为供应链管理面临的问题。这些年，华为一直试图改进。比如，对端对端的流程改进（还没有结束），就是这种种努力中的一部分。

2014 年，华为确定了"满足客户要求，超越客户期望，实现持续改进，支撑商业成功，努力成为行业标杆"的供应链可持续发展目标以及"系统预防、主动管理、内外部（客户、供应商和行业）高效协同和持续改进"的总体策略，把可持续发展要求融入采购全流程中，包括供应商认证、选择、评估、绩效管理、采购履行、供应商退出等。

结果

ISC 项目分为软启动阶段（项目筹备和初步范围确定）、关注阶段（现状问题调查和分析）、发明阶段（差距分析、未来业务模型设计）和推行阶段（在全公司范围的推行）。该项目将主要完成供应链流程的重整以及相关的组织重构和 IT 系统的集成，并且形成综合的集成供应链的衡量评价系统。

时至今日，华为的业务流程变革几乎覆盖其价值链的各个环节，但唯独没有涉及 CRM（客户关系管理，包括营销、销售和服务三部分），之所以这样，主要有两个原因：

◆ 市场营销是企业的生命线，如果出现问题，将对公司的业务收入产生灾难性后果。因此涉及营销系统的组织与流程变革需要慎之又慎。

◆ 在 2000 年前，华为主要面对的还是国内市场，基本上还
是关系营销模式，业务流程的作用相对而言并不十分明显。

可以看出，华为的业务流程变革，采用的是先完成企业内部环
节的变革，然后再向价值链的上游（供应商）和下游（客户）延伸
的步骤。内部环节的变革也是先变革产品开发等价值链的间接环节，
再变革供应链等直接环节。由此可以做出一个基本的推断：在优化、
巩固前期变革成果的同时，发展电子商务，重整 CRM 业务流程将是
华为未来变革的主要内容。

经过 5 年的业务流程重整，华为基本建立起完整的端到端的业
务流程。但在管理变革中投入的精力过多，也在一定程度上导致对
业务发展的忽视。特别是 2000 ～ 2002 年，在 IPD 和 ISC 项目推行
的关键时期，正好赶上全球电信业的全面低迷，华为又与国内电信
市场最大的两个亮点——小灵通和 CDMA 失之交臂，从而导致其连
续 3 年的业绩徘徊，这也对业务流程的变革造成了一定的负面影响。

通过 ISC 变革，华为以 SCOR 模型（Supply-Chain Operations
Reference-model，供应链运作参考模型）为基准，坚持软件包驱动
业务变革的策略，用一个统一的 "ERP+APS" 取代了几十个零散的
IT 系统，瞄准客户建立了包括 6 个供应中心、7 个 Hub（多端口的
转发器）以及国家中心仓库的、集成的全球供应网络，使公司在供
应的质量、成本、柔性和客户响应速度上都取得了根本性的改善，
有效支撑了业务的全球大发展。表 7.1 是华为 ISC 变革前后供应链效
率对比：

表 7.1 华为 ISC 变革前后对比

变革前	变革后
订单运作周期两个月	订单运作周期两周
按预测生产	按订单生成
一个月做一次生产计划	一天做一次生产计划
柔性生产：一天	柔性生产：一个小时
及时交付率 20%	2003 年达到 60%

华为轮值 CEO 郭平在一次演讲中说：

2005 年，随着海外市场的快速发展，公司出现了"签得了合同但交付不了"的问题。巴西 Vivo、埃及三牌、巴基斯坦 Ufone 这些耳熟能详的项目，不时勾起我们对那段天天"夜总会"、日日"救火队"的艰苦岁月的回忆。当时，有人曾戏称"即便从月球上找一个项目经理，也无法交付华为的项目"。

通过对服务和交付管理的持续改进，服务和交付已经由当初的短板成为今天的长板，成为支撑市场拓展的竞争利器和提升盈利能力的重要手段，是公司实现全球领先的核心竞争力。

第 8 章

IFS变革

背景

让财务"监管"无处不在

结果

华为在进行 IPD 和 ISC 项目的同时，也对 IT 系统进行了重新规划和设计，以有效支撑业务流程的变革。财务系统变革也是重点内容之一。

背景

华为为什么能够成功？除了我们耳熟能详的奋斗者精神、股权激励以及重视研发等原因之外，严格的财务管理制度也功不可没。在开拓国内市场的那些岁月里，华为一直坚持异地任职制度，本地人不能做本地生意，有效地杜绝了各种腐败行为。另一方面，各地办事处也都严格执行"收支两条线"制度，销售人员负责打单却不经手钱，财务收支由总部直接控制，从而最大限度地保障了扩张中的华为不至于失控。

当然，后来华为的财务管理制度也是越来越规范，越来越严格。1998 年，华为开始引进 IBM 的整套管理制度，刚开始大动干戈的是研发和供应链部门，财务和销售部门没怎么动。2003 年，研发和供应链的管理咨询做完了，IBM 的咨询顾问也全部撤走了。

后来，任正非发现财务竟然成了华为的成长障碍。 ①

2007 年，在一次内部会议上，任正非曾不无忧虑地说道："我们的确在海外拿到了不少大单，但我都不清楚这些单子是否赚钱。"

尽管从 2000 年开始，华为公司的财务部门已经参与成本核算，但是公司还是缺乏前瞻性的预算管理——中国绝大部分企业很难做到这点，但这却是跨国企业擅长的。如果留意 IBM、思科等国际大公司对未来财务指标的预期，你会发现这些公司的财务预期都会非常准确。这是因为这些国际大企业的财务体系都参与整个业务流程。比如，每个产品的定价和成本核算等工作，都拥有一套完整的制度和运作流程，以确保每一单出去投标都能清楚地计算出成本和利润。

此前，华为公司和绝大多数中国企业一样，财务部门还没有参与每个产品的定价和成本核算，主要还停留在传统的财会角色上。规模小时，公司还可以人为控制风险。但是，当公司规模越来越大，业务全球化，供应链越来越长，客户差异性越来越多时，如果没有一个全球化的财务管理制度，财务风险将难以控制。

和其他国内企业一样，华为公司也走过一段粗放式增长的时期。目前，尽管华为公司的管理越来越规范化，但是很多环节仍然存在着浪费。据一位在华为北研所工作的测试工程师介绍，在产品研发环节中，由于测试不严格等原因产生大量废料，他认为这些浪费其实大多数是可以避免的。事实上，近几年，随着业务的突飞猛进，华为公司的利润率却逐年下滑。根据华为 2007 年年报，华为营业利

① jiyongqing.任正非之女孟晚舟与华为的财务团队，是如何成长起来的［OL］.虎嗅网，2013 http://www.huxiu.com/article/9353/1.html

润率从 2003 年的 19% 下降到了 2007 年的 7%，净利润率则从 14%
下降到了 5%。

　　尽管华为的扩张步伐强劲，但是如何在保持高速增长的同时，
进一步提高盈利水平，成为华为必须解决的问题。正是认识到这个
问题的严重性，所以任正非在 2007 年年初亲自写信向 IBM "求助"。
只有把规范的财务流程植入华为公司整个运营流程中，实现收入与
利润的平衡发展，告别不计成本的 "土狼式" 冲锋，才能更有效地
支持全球化运营和增长。

　　2007 年年初，任正非致信时任 IBM 公司 CEO 的彭明盛，希望
IBM 公司派出财务人员，帮助华为实现财务管理模式的转型。为什
么要进行财务管理模式的转型？因为任正非注意到，虽然华为销售
收入保持高速增长，但净利润却逐年下降，他甚至不知道一个单子
接下来是否会赚钱。尽管从 2000 年开始，华为公司的财务部门已经
参与成本核算，但公司还是缺乏前瞻性的预算管理。

　　任正非在其文章《狭路相逢勇者生》中这样写道：

　　　　相比我们产品研究与市场营销国际接轨的目标是瞄准世
　　界一流公司，我们财务系统的目标是否低了一些？对我们能
　　否迎接大发展的风暴，人们心存疑问。我们管理远远滞后市
　　场的发展，不断超速发展，撕裂管理的弥合以及计划、统计、
　　审计系统的科学性、弹性还有待时间来考验。这些系统预测、
　　分解、弹性的相互关系是否已吸引了为之献身的人们在深刻
　　研究与实践？计划系统综合平衡，统筹安排的能力还显得力

度不够。

　　组织构架、管理流程还需要不断优化。要在流程中设立监控点、审计点，各级干部要对不同的监控、审计点负责任，要深入实际中去，亲自审核数据，不要浮在水面上，要让自动审计成为可能。审计是否已剖析流程的合理性，深刻认识与分析计划模型在实践中的实时控制和调节能力？计划、统计、审计是否充满每一个环节，使之形成管理的三角形？如果每个管理环节都为三角形叠加，公司的稳固性与在大发展中的适应性就有了很好的基础。

　　任正非希望效仿 IBM 的财务管理模式进行转型。华为需要的不是一般的财务咨询顾问，IBM 公司的财务人员必须亲自参与其中。之所以认定 IBM，不但因为前期 IBM 帮助华为实施 IPD 等项目，带给华为"脱胎换骨式的改变"，还因为任正非认为，作为百年老店，IBM 公司财务管理非常严谨，全球化运作最为成熟。

　　2007 年 7 月份，IBM 邀请华为公司近 10 位财务相关人员到美国总部进行了为期 3 天的访问，了解其财务系统情况。不久，华为公司就正式启动了 IFS 项目。与此同时，IBM 正式把华为公司升级为事业部客户——在其全球几十家事业部客户中，华为是唯一一家中国企业。对这样的事业部客户，IBM 不但会组建一支由骨干组成的全球团队，还会提供全方位的定制服务。该团队在组织架构上直接向美国总部汇报。

　　IT 落地是固化变革成果的重要手段。IFS IT 团队组建于 2007 年，

是 IFS 持续时间最长的团队。 [①]

让财务“监管”无处不在

2007 年，在 IBM 咨询顾问的帮助下，华为又悄然启动了 IFS 的试点，将管理变革的范围扩展到了关键的全球营销体系和财务支持体系。这也是华为历时 5 年，完成 IPD 和 ISC 之后的又一次重大管理变革。

对于资金与技术双密集的通信行业，资金的充足性是企业发展和海外扩张的必要条件，而上市是一般优质企业的融资首选。但是，有着国际化战略蓝图的中国第一家真正意义上的跨国企业华为，却迟迟没有上市。因此，其对财务管理的要求比上市企业更紧迫。

财务管理处于企业管理核心地位的原因主要有以下两点：其一，企业的经营活动由购、产、供、销等几个环节组成，财务活动贯穿于这些活动之中，是企业经营活动的基础。财务管理通过对资金供求关系的掌控，为企业的经营活动保驾护航；同时财务管理又为企业的整个经营活动提供了可供参考的资料，财务信息是各个部门相互协调一致的重要依据。现代企业制度，要求建立现代化的财务管理制度。其二，财务管理可以通过投资决策、筹资决策和分配决策为企业创造更多的获利机会，是企业实现目标的根本保证 (见图 8.1)。 [②]

① 李云杰 . 华为拯救利润率的财务转型［OL］. 网易博客，2009 http://blog.163.com/liyunjie_vip/blog/static/72829719200971403824475
② 李慧 . 论企业财务管理的重要性［J］. 中国外资，2011

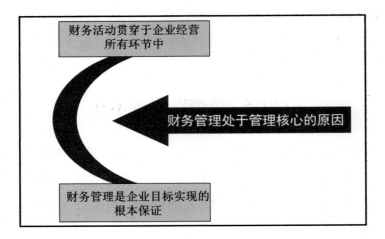

图 8.1 财务管理处于企业管理核心地位的原因

华为通过专门的资金计划部控制资金流向，资金计划部下设有国际融资部，专门分析海外项目的资金风险问题。华为要求每个财务管理人员每天都要写工作日记，经主管领导审批后输入数据库，有专门的部门定期抽查。这样，财务部门就不敢作假。财务每天还要写自查报告，3 个月后，每个主管经理都要向公司保证报告数据的真实性。

华为制订了严格的计划、统计、审计流程，并在流程中设立众多监控点、审计点，要求各级干部对不同的监控点、审计点负责任，亲自审核数据。

任正非在其演讲《华为公司的核心价值观》中谈道：

这些年，华为通过与 PWC（普华永道国际会计事务所）、IBM 的合作，不断推进核算体系、预算体系、监控体系和审计体系流程的变革。在以业务为主导，会计为监督的原则指导下，参与构建完成了业务流程端到端的打通，构建高效、全球一体化的财经服务、管理、监控平台，更有效地支持公司业务的发展。通过落实财务制度流程、组织机构、人力资源和 IT 平台的"四统一"，以支撑不同国家、不同法律业务发展的需要；通过审计、内控、投资监管体系的建设，降低和防范公司的经营风险；通过"计划-预算-核算-分析-监控-责任考核"闭环的弹性预算体系，以有效、快速、准确、安全的服务业务流程，利用高层绩效考核的宏观牵引，促进公司经营目标的实现。到目前为止，华为公司在国内账务已经实行了共享，并且实现了统一的全球会计科目的编码，海外机构已经建立财务服务和监控机构，实现了网上财务管理。公司还建立了弹性计划预算体系和全流程成本管理的理念，建立了独立的审计体系，并构建了外部审计、内部控制、业务稽核的三级监控，来降低公司的财务风险和金融风险。

2009 年 3 月 24 日下午，任正非在华为内部大会会议上演讲时说道：

在管理进步中，财务的进步是一切进步的支撑。在公司快速发展的今天，财经部门更应该加快自己的建设，真正成为流程中不可缺少的力量。

结果

IFS 为华为培养了数千名合格的财务总监。他们深入华为各个业务部门（包括销售、市场、研发、供应链等），把规范的财务流程植入华为公司的整个运营流程，实现了收入与利润的平衡发展。这也是最近几年华为虽然营收增长放缓，但是利润的增长仍然不错的重要原因。这不禁让我们感叹：财务管理也是生产力！

华为很清楚，虽然近几年销售收入增速大于爱立信，但是在利润率和人均效率上一直与其存在较大的差距。从人均效率看，华为 2008 年人均生产效率为 21 万美元 / 人，低于爱立信的 35 万美元 / 人。现在，华为已经成为年收入 183 亿美元、75% 收入来自海外市场的国际化大企业。华为不仅要在规模上与爱立信等世界级企业比拼，也开始在利润率和人均效率上向这些世界级企业看齐。

华为轮值 CEO 郭平这样说道："以前，一提起财务，人们首先想到的就是报销、付款以及在季度末或年底算算账。各部门各行其道，抛开财务建立自己的经营分析团队。任总曾不止一次地说我们的财务只是个'账房先生'。

"通过 IFS 变革，我们构建了全球化的财经管理体系，财经融入业务，在加速现金流入、准确确认收入、项目损益可见和经营风险可控等方面取得了根本性的进步，支撑公司可持续、可盈利地增长。各级 CFO（Chief Financial Officer，首席财务官）通过 IFS 变革，也逐步成长为值得信赖的业务伙伴，并促进业务部门从'外蒙估'变成了'内蒙估'，从而可以基于及时、准确的经营数据快速决策。"

任正非与后备干部总队 CFO 班座谈纪要

2009年10月26日，任正非与后备干部总队CFO座谈，以下是座谈纪要：

公司现在启动CFO管理体系建设的时机已经成熟。任何管理体系的推行，必须在公司具备充分条件，并且大家都理解和认识到这种系统性结构的必要性时，才能有效，否则各推各的，会给公司造成极大的浪费。譬如，公司曾经有一段时间疯狂地推 KPI，被我坚决叫停了。我认为当时推行的结果一定是"肠梗阻"，因为大家各自只看到眼前利益，不是端到端，而是段到段的变革，一定会局部优秀了，而全局灾难了。如果机械地推行改革，而每个人对流程制度的理解又不一致，就会把公司改得七窍八孔，乱成一团。公司整个管理体系目前正处在流程化和职业化建设的阶段，我们认为现在启动 CFO管理体系建设的时机已经成熟。我希望 CFO到位以后，既能保证业务高速增长，又能帮助公司减少浪费、降低成本，同时要注意防止局部优化对全局可能造成的破坏。任何时候，做任何事情都必须有端到端的视野。

我们希望 IFS能够尽快落地，更加科学合理地推动公司的管理，但 CFO也要学会创造性地开展工作。没有IFS我们也要吃饭。大家要知道，没有电子科技手段时，这个世界就已经存在了。山西票号的密押（指银行之间事先约定的，在发送电报时，由发电行在电文中加注密码，以证明电报的真实性。——编者注)，为什么能做到平遥的一张纸到天津就能兑 10万两白银？要多发挥主观努力，少找客观原因。

我们认为，CFO最重要的工作目标是支撑公司及时、准确、优质、低成本交付，只有这 4 个要素同时满足，才是真正的以客户为中心。以客户为中心，实际上是一个辩证的关系，就是要挤出公司内部最后一滴多余的成本，成就客户的成功，从而成就公司的成功。只要真正以客户为中心，就一定能实现有效增长。CFO要带着使命感去充分理解及时、准确、优质、低成本交付 4 个要素深层次的含义，坚持流程化、职业化，在分权过程中加强科学监管，降低风险和成本，实现公司有效增长。

CFO工作的突破口在于建立和执行财务流程，有效支撑业务流程运作。当前各地区部、代表处会选拔一些财务经理，很好地与业务经理配合，同时完成 IFS落地和组织流程整改。这两件事情做好了，能适当地减轻后续的工作量和压力。CFO和 CEO都要正确理解和掌握企业运作规律，共同促进企业成功和有效发展。CFO和CEO是一条船上的人，他们大的目标方向完全一致，但他们的工作内容是有区别的。没有 CFO的支持，CEO怎么能前进？我们不是让 CFO去监督 CEO，CFO是要通过流程化、职业化方式建立和执行正确的财务流程，有效支持业务流程运作，实现有效增长，即正的利润、正的现金流、正的人的效益增长。在这个过程中，既能坚持原则，又能把事情做好，这就是管理。

财务系统一定要坚持流程化、职业化不动摇。只要不是流程化、职业化，就一定是高成本。CFO是一个国际名词，华为公司没有自己的解释，国际上要求 CFO做什么，华为公司的 CFO就做什么。西方的财务管理是成功的，值得我们学习，但也有缺点，就是绝大多数是上市公司，主要关注短期效益，对长期利益关注得较少。我们公司不能只关注短期效益，而要更多关注长期的、战略性的建设。这就是我们与西方上市公司的主要区别。我们要通过流程化和职业化，将很多东西标准化。这样，公司的管理运作成本就能降下来。人力资源系统对岗位级别要进行循环"称重"，今天这个岗位很重要不意味着明天仍然很重要，因为随着公司越来越职业化和标准化，我们不再需要在某些岗位配高职位的人员，这样就能把综合成本降下来。

核算是管理进步的重要标志。不算账怎么能知道我们进步呢？我们首先要能核算到项目，核算到区域，核算到产品线。我们公司的竞争能力很强，是得益于我们以奋斗者为本的正确的管理哲学，但是我们的管理效率目前是很低的。我们的竞争能力超过爱立信，但爱立信的管理效率是我们的1.8～2倍，我们还有很大改进空间。到明年年初，我们有近千人将补充到各地区部，组建专业作战队伍，但后方平台将有大的精简。

财经体系要服从业务体系的发展。我们的目标还是高速发展。当机会出现时，财务既要保障这些机会的实现，又要支撑及时、准确、优质、低成本交付，并完成有效监管。从前年开始，公司将预算下放到了地区部，现在更重要的是把核算权也下放到前线去。核算权其实也就是战争指挥权。我们正在对代表处的组织结构进行整改，预计 2010年年底基本会有一个结果；明年开始，我们也要对地区部进行整改。在整改过程中，会加大对基层的授权。组织改革过程中，基层在用权时可能不会那么准确、科学和讲究方法，因此需要更多的监管。财务和审计等部门就要在这个监管过程中，对关键点不断进行抽查，建立威慑系统，从而保证大家能够更加科学地用权。举个例子：计划权力下放以后，计划被基层控制了，有的代表处明明可以做到 36亿，但为了给明年留有余地，只上报30亿的计划，完全按计划来出力。我在中东北非地区部讲了，能不能不在报表上设完成率这个指标，这个指标不科学。公司在高速发展过程中，一定要坚持流程化、职业化，一定要坚持在分权过程中加强监管。不然，我们可能就乱了。一放就乱，一乱就收，收完再放，放了再收。如果这样折腾几下，我们公司就完了。

合格的 CFO 是打出来的，不是任命出来的。西方公司以资源驱动企业发展，我们更多的是强调机会对公司发展的驱动。因此 CFO 一定要结合当地的实际情况，实干出来，不是说公司给了你一个头衔你就是合格的 CFO 了。现在你们已经有非常多的依托和机会，第一，你们和山西票号不一样；第二，你们所处的环境和公司创建初期也大大不一样了，但我们认为 CFO 一定要在实践环境中才能成长起来。如果认为把 CFO 职责描述得好就可以当 CFO，这就是科举制度。科举制度能选官？但华为的干部一定要能对自己各个时期的成功实践进行描述，然后大家来评议。合格的 CFO 是打出来的，不是任命出来的。你不去耕耘土地，土地不可能自然长出庄稼；同样，你不去做这个工作，华为公司正确的制度也不可能自然生长出来。这两三年我们已经有了很大改变，从非常幼稚的时代走到今天，我们已经有了洋拐杖，只不过短了一截，如果你完全依赖洋拐杖就只能歪着走。要想走好，就看你们在工作中如何履行你们的职责。这次 CFO 班不采取以往灌输的培训方式，而是借鉴哈佛案例研讨方法，针对公司实际发生的案例和问题反复研讨和辩论，大量查阅资料，发挥所有人的主观能动性，找到解决问题的方法。但今天你们来参加研讨，并不等于明天就被承认。你们研讨出来的结果还需要到具体的工作岗位上去实践和检验。我们不可能系统教你们如何当 CFO，你们需要在实际工作中悟出。

干部要有奋斗精神、团队合作精神，不断提高职业化水平和组织效率。华为公司今天的成功不是一个人的奋斗故事，而是拥有一个无私的领导层和一大群不服输的团队。在奋斗这个问题上我们不容妥协。不奋斗的人，明哲保身的人，该淘汰就坚决淘汰，否则无法保证公司的长治久安。

华为公司的干部要淡泊名利，踏踏实实做事，用平和的心态面对未来。华为公司只有一个鲜明的价值主张，那就是为客户服务。大家不要把自己的职业通道看得太重，这样的人在华为公司一定不会成功；相反，只有不断奋斗的人、不断为客户服务的人，才可能找到自己的机会。因此我送大家几句话：第一，要耐得住寂寞；第二，要受得了委屈；第三，要懂得灰色。你们要好好去体会这3句话，特别是开快车上来的人，更不要认为机会是永恒的。

我们这个时代已经从创业者、英雄的时代走向职业经理的时代。不走向职业化，就将被历史边缘化。在这个转型过程中，我们每个人可能都是残缺不全的，懂业务的不懂财务，懂财务的不懂业务，如果两个人绑在一起就会好一些。所以，一定要发扬团队合作精神，只有团队合作才有明天。万事不求人的人就是无能的人，片面追求个人的轰轰烈烈，也注定会失败。

华为公司一定要提高效率，并不是说埋头苦干就行。我们不主张加班加点，不该做的事情要坚决不做，这方面的节约才是最大的节约。算一算研发部开发出来的功能，利用率不到22%，而通信行业电话功能的利用率更是不到1‰。这个世界用来用去还是摘挂机，但我们公司过去就做不好。研发越高级的技术，大家就越兴奋，越去研究，职务和工资也越来越高，简单的技术反而不愿意去研究。如果我们减少20%的无效工作，那么既节约了成本，也不用加班加点。

CFO要从以上方方面面入手，正确认识企业运作的客观规律，厘清和切实履行 CFO职责，有效支撑公司及时、准确、优质、低成本交付。这就是公司对你们寄予的期望和要求。

任正非与财经体系员工座谈纪要

2011年10月19日下午，任正非与华为财经体系员工座谈，部分EMT成员、公司各部门领导也应邀参与。以下是座谈纪要：

财务人员只有深刻理解业务，才能有效履行职责。近几年来，公司不断要求财务人员了解业务、深入项目，是希望你们不要成为简单的"簿记员"，而是成为真正明白业务实质，且能正确参与经营管理的财经人员。财务人员只有理解业务，才可能走上正确的成长道路。这不是对财务人员的排斥，而是十分中肯的期望。大家不能片面理解，更不能教条地执行。我们盼望你们挑起重担来。未来的世界很大，财务的跟进速度不快。因此在优秀干部的使用上，要大胆一些，小步快跑。没有领导过百万大军，休谈可以打好辽沈战役。

我们从各个业务部门抽调干部，加强财经组织的建设，是为了帮助财经组织更加密切、更加有效地深入业务，同时在思维方式、做事策略等方面，改变财经组织一直以来简单、固执、只会苦干不会巧干的做法。加入一些沙子，是为了形成混凝土，并没有取代你们的意思，而且他们也要经过会计考试。中级干部的业务岗位的转换，是有利于干部更好地成长，是符合之字形成长计划的，这是优秀员工应该高兴的一件事。业务人员进入财经组织是自愿的，是看到了自己的机会，而不是通过什么许愿来完成的。输送部门关爱员工的方法，是经过考核后，如果财经部门没用他，那么就帮助他回原岗位。输送部门把困难留给自己，支持别的部门成长，是根据全局的，全盘利益的考量，也是高级干部的立脚点。

从 IFS的顺利推行与实际收益，我们十分明显地看到了财务与业务融洽的价值。IFS推行结束后，大量的干部将进入财经管理的各个岗位。这些宝贵资源与人才的投入，正是说明公司对财务的重视和期望。优秀的 CFO，不仅要懂得财务，也要懂得业务，这两方面的要求是同时存在的。要正确、全面地理解公司的意图，而不是机械、教条地曲解。

没有对你们寄予期望，也就不会批评你们。对你们的批评，是期望大家能够更快、更正确地成长，是关爱你们。别的部门都羡慕你们，结果反而是你们感到委屈与失落，不知道你们是怎么理解的。现实生活中，往往批评你、帮助你的人，都是真正爱你的人。不然，他凭什么去讨人嫌呢？

培养与选拔的关系。选拔与培养本身并不矛盾，没有说选拔后就不培养了。如果这样，办中学干什么？办大学干什么？我们的高考不就是选拔制吗？选拔制并不排斥培养。开放课程，让有意愿员工自我学习，鼓励其进步。培养不是等待被培养，而是自我培养、自我成长。对选拔上岗的干部，重点培训，有针对性地查漏补缺。他们受到特别的关爱，不收他们一点钱，别人会心理不平衡，这叫"有偿培养"。要改变过去"单点输入"的培养制，在干部选拔的过程中，触发有针对性的培养。

稀里糊涂地实践，是不可能炼出"真经"来的。学习实践，重在领悟，而不是重在过程。规范的学习与认真实践相结合。学习和理解已经总结的宝贵经验，并在实践中验证和体会，进而积累和凝结自己的经验，这才是有价值的实践。

财务项目是财务人员最好的实践基地。通过一个小型项目的全循环，就可以帮助他真正地认识财务和业务，为转身各级CFO奠定基础。

学会"适者生存"的道理。适当的理解、相互的忍让，是必须的。"不舒适"是永恒的，"舒适"只是偶然。在不舒适的环境中学会生存，才能形成健全的人格。遇到困难和挫折，要从更宽、更广的范围来认识，塞翁失马焉知非福。

业务为主导、财务为监督。财务不是决策者，是建议提供者和业务监督者。不了解业务，怎么能有效的服务和监督？所以，财务要满足业务的合理需求，提供有价值的财经服务。财务要能够识别业务的合理性与真实性，提供有效监控，协助业务主管成长，而不是人云亦云，道听途说。

业务主管是第一责任人，承担管辖范围内的经营风险及内控责任；财务是各级业务主管的助手，提出建议和揭示风险。你是团队的一员，应做好你的角色。财务与业务是唇齿相依的，只有共同成长，才可能拥有希望。财务做得不好，业务也不可能独善其身。

参考资料

［1］ 王伟立，李慧群．华为的管理模式（第 3 版）[M]．深圳：海天出版社，2012

［2］ 张继辰．华为的人力资源管理（实战版）[M]．深圳：海天出版社，2015

［3］ 孙科柳．华为绩效管理法 [M]．北京：电子工业出版社，2014

［4］ 卢刚．向华为学习卓越的产品管理［M］北京：中国人民大学出版社，2013

［5］ 田涛，吴春波．下一个倒下的会不会是华为：故事、哲学与华为的兴衰逻辑［M］北京：中信出版社，2015

［6］ 程东升，刘丽丽．华为真相［M］北京：当代中国出版社，2003

［7］ 吴建国，冀勇庆．华为的世界．[M]北京：中信出版社，2006

［8］ 郤永忠．华为出海之后……［J］.企业管理，2005

［9］ 彭剑峰．任正非：华为人才非常之道［J］.中国经济时报，2013

［10］ 李慧．论企业财务管理的重要性［J］.中国外资，2011

［11］ 构筑供应链的成本优势［OL］.黑马华为特训营，2015 http://www.huaweitxy.com

［12］ jiyongqing．任正非之女孟晚舟与华为的财务团队，是如何成长起来的［OL］．

　　　虎嗅网，2013 http://www.huxiu.com/article/9353/1.html

［13］ 李云杰．华为拯救利润率的财务转型［OL］．

　　　网易博客，2009http://blog.163.com/liyunjie_vip/blog/static/72829719200971403824475

［14］ 吴俊．华为管理模式优劣剖析［OL］.网易，2008 http://rujiaguanli.blog.sohu.com/106136476.html

［15］ 华营私塾．十六字探寻华为薪酬管理之道［OL］.搜狐网，2015http://mt.sohu.com/20150716/n416890494.shtml

［16］ 大卫·德克莱默，田涛.任正非：不要停留在过去，擅与竞争对手合作［OL］．

　　　新浪网，2015 http://tech.sina.com.cn/t/2015-11-04/doc-ifxkhqea3013780.shtml

◇ 后记

"面对不确定的未来，我们在管理上不是要超越，而是要补课，补上科学管理这一课。"任正非如是说。

在《华为的管理模式(实战版)》写作过程中，作者查阅、参考了大量的资料和作品，部分未能正确注明来源并支付稿酬，希望相关版权拥有者见到本声明后及时与我们联系，我们都将按相关规定支付稿酬。在此，我们对此表示深深歉意与感谢。

由于编者水平有限，书中不足之处在所难免，诚请广大读者指正。同时，为了给读者奉献较好的作品，本书在写作过程中的资料查阅、检索搜集与整理的工作量非常巨大，需要许多人同时协作才能完成，我们也得到了许多人的热心支持与帮助。在此感谢周克发、陈亚小、邱星贤、庄菊凤、符良升、符大男等人，感谢他们的辛勤劳动与精益求精的敬业精神。